BASIC PORTUGUESE

CU00724269

Basic Portuguese: A Grammar and Workbook comprises an accessible reference grammar and related exercises in a single volume.

Twenty units cover the core material which students can expect to encounter in their first year of learning Portuguese. Grammar points are followed by examples and exercises which allow students to reinforce and consolidate their learning.

Clearly presented and user-friendly, *Basic Portuguese* provides readers with a thorough grounding in the fundamentals of Portuguese grammar.

Cristina Sousa holds a PhD in literary translation. She is a translator, proofreader and copywriter and she has lectured in Portuguese at various universities in the UK.

Other titles available in the Grammar Workbooks series are:

Basic Arabic

Basic Cantonese
Intermediate Cantonese

Basic Chinese
Intermediate Chinese

Basic German
Intermediate German

Basic Irish
Intermediate Irish

Basic Italian

Basic Japanese
Intermediate Japanese

Basic Korean
Intermediate Korean

Basic Persian

Basic Polish
Intermediate Polish

Basic Russian
Intermediate Russian

Basic Spanish
Intermediate Spanish

Basic Welsh
Intermediate Welsh

Basic Yiddish

BASIC PORTUGUESE: A GRAMMAR AND WORKBOOK

Cristina Sousa

Routledge
Taylor & Francis Group

LONDON AND NEW YORK

First published 2015
by Routledge
2 Park Square, Milton Park, Abingdon, Oxon OX14 4RN

and by Routledge
711 Third Avenue, New York, NY 10017

Routledge is an imprint of the Taylor & Francis Group, an informa business

British Library Cataloguing in Publication Data
A catalogue record for this book is available from the British Library

Library of Congress Cataloging in Publication Data
Sousa, Maria Cristina Marques dos Santos, author.
  Basic Portuguese : a grammar and workbook / Cristina Sousa.
    pages cm. – (Grammar workbooks)
  Includes bibliographical references and index.
    ISBN 978-0-415-63319-2 (hardback) – ISBN 978-0-415-63320-8 (paperback) –
ISBN 978-1-315-74575-6 (ebook) 1. Portuguese language–Textbooks for foreign speakers–
English. 2. Portuguese language–Grammar. 3. Portuguese language–Grammar–Problems,
exercises, etc. I. Title.
  PC5075.E5S66 2015
  469′.82421–dc23

                                                                        2014018222

ISBN: 978-0-415-63319-2 (hbk)
ISBN: 978-0-415-63320-8 (pbk)
ISBN: 978-1-315-74575-6 (ebk)

Typeset in Times New Roman
by Graphicraft Limited, Hong Kong

CONTENTS

ACKNOWLEDGEMENTS

This grammar workbook is dedicated to the memory of David Ryland, one of my favourite students and whose interest in Portuguese grammar was a great inspiration.

I would like to express my gratitude to the team at Routledge and I would like to thank Janet Lloyd for her invaluable help in the initial stages of this endeavour.

INTRODUCTION

This grammar workbook is aimed at English native speakers who have no previous knowledge of the Portuguese language, or who have a very basic level and would like to improve their ability and to practise key grammar functions. The grammatical notions included are presented in a clear and accessible way. All grammatical explanations are kept to a minimum and include exceptions to the rule only when these are frequently applied, which can often be the case in Portuguese. This course aims to provide learners with a solid basic knowledge of essential Portuguese grammar functions which can then be consolidated by further reading and by further study of accessible reference materials, such as *Portuguese: An Essential Grammar* by A. Hutchinson and J. Lloyd, also published by Routledge.

No audio material has been produced to accompany this book, but guides to pronunciation and stress are provided at the beginning of the book. This should provide beginners with clear guidance to the essential sounds, in order to help reproduce them successfully. This pronunciation guide is an initial working tool and does not claim to replace real contact with Portuguese speakers.

All vocabulary used is contemporary and every effort has been made to provide as wide a variety of vocabulary as possible. It is essentially European Portuguese in order to avoid potential confusion given that certain grammar rules are applied differently in Brazilian Portuguese, and an attempt to cover both variants would make it less accessible for beginners. Learners who work with this book should be able to communicate successfully with Brazilian speakers, in the same way that Portuguese people are able to communicate fully with Brazilians, and vice versa. Key differentiations between these two forms of Portuguese are provided in Hutchinson and Lloyd's *Portuguese: An Essential Grammar*, referred to above, and also in other dedicated reference materials by the same publisher.

This workbook should be particularly useful to independent adult learners, but can also provide a useful exercise tool for other learners.

PRONUNCIATION

In order to guide you with Portuguese pronunciation a list of roughly equivalent sounds in English is provided below. With some sounds it will be difficult to find the exact pronunciation using English words and sounds, but the list should provide you with a useful basis for further development.

a	open	sapato	as in lad
	closed	sapato	as in about
	unstressed	boca	as in announce
e	open	cheque	as in cheque
	closed	cabelo	as in fill
	unstressed	cheque	bake
		e (= and)	eel
i		fita	feet
o	open	loja	lozenge
	closed	poço	torso
	unstressed	poço	zoo (approximate)
u		luta	loot

Note: vowels with acute accents produce an open vowel (á, é); vowels with circumflex accents produce a closed vowel (ê, ô)

nasals

ã	lã	lamb
am	amplo	ample
an	planta	plankton
em	empréstimo	empower
en	entre	entertain
om	compras	competition
on	contar	contrary

im		sim	scene
in		tinta	tinder
um		tumba	tomb
un		nunca	tomb
c	+ a, o, u	casa	case
	+ e, i	cedo	lace
ç		laço	lace
ch		champô	shampoo
g	+ a, o, u	gás	gash
	+ e, i	gelo	measure
	+ ue	guerra	gain (**u** is silent)
	+ ui	guitarra	gain (**u** is silent)
h		hora	(not pronounced)
j		já	measure
lh		milhão	million
nh		vinho	onion
q		quadro	quack
	+ ui	máquina	**Kee** (**u** is silent)
r		parar	(rolling **r**)
		compras	(rolling **r**)
	initial, after **n, l**	rabo	robber
		tenro	
		palrar	
rr		carro	(as initial **r**)
s	initial	samba	samba
	between vowels	casa	kasbah
		meus amigos	
	end, before **c, f, p, t**	vespa	sugar
		mosca	
		fósforos	
		meus pais	
		restaurante	
	before **b, d, g, m, n, r**	Lisboa	measure
		hás-de	
		rasgar	
		mesmo	
		cisne	
		Israel	
		as mãos	

nasals

x		xerife	sheriff
		México	mesh
		peixe	fish
		excelente	geisha
ex	+ vowel	exame	easy
z	initial, between vowels	zebra	zebra
		dizer	dessert
	end	luz	louche

diphthongs

ai	pai	pie
au	mau	power
ei	lei	lay
eu	teu	phew (approximate)
iu	partiu	Europe
oi	foi	'oy!'
ou	sou	though
ui	fui	Louisiana
ãe	mãe	main (approximate)
ão	pão	pound (more nasal)
-am	amam	mound (more nasal)
-em	sem	saint (approximate)
-en(s)	parabéns	chain (approximate)
õe	põe	boing (approximate)

Note: the letters 'k', 'w' and 'y' are not used in Portuguese and they do not normally feature in the Portuguese alphabet. They are, however, recognised in foreign words and names and are named **kappa**, **duplo v** and **i grego**.

STRESS

In Portuguese words, if there is no graphic accent, the stress is usually on the penultimate syllable, or on the last syllable for words ending in -r, -l, -z, or -u.

do-cu-**men**-to	document
ves-**ti**-do	dress
pro-fes-**sor**	teacher
ti-**rar**	to take
co-**mer**	eat
pa-**pel**	paper
a-**zul**	blue
ra-**paz**	boy
fe-**liz**	happy
per-**u**	turkey

When the stress falls on another syllable, a graphic accent has to be applied.

pró-xi-mo	next
cha-mi-**né**	chimney
ir-**mã**	sister

There are four graphic accents in Portuguese:

´	acute accent: opens the vowel	água
^	circumflex accent: closes vowel	pêlo
~	tilde: nasalizes the vowel	irmã
`	grave accent: used on contracted preposition with article	àquilo

UNIT 1
Nouns

Gender of nouns

In Portuguese, all nouns have a gender, either masculine or feminine. When you learn a new noun, you should memorise its gender at the same time:

masculine nouns:	**o carro**	the car
	o mar	the sea
feminine singular:	**a casa**	the house
	a hora	the hour

General rules can provide some guidance and so they have been summarised below. The most common exceptions are also provided. You will need to learn these, so it's a good idea to note the examples as you go along.

Several nouns can be learnt as pairs – masculine and feminine – as they are used to denote male and female beings:

o homem	a mulher	man	woman
o rapaz	a rapariga	boy	girl
o cidadão	a cidadã	(male) citizen	(female) citizen
o cão	a cadela	dog	bitch
o gato	a gata	(male) cat	(female) cat
o galo	a galinha	cockerel	chicken
o pai	a mãe	father	mother
o filho	a filha	son	daughter
o irmão	a irmã	brother	sister
o tio	a tia	uncle	aunt
o sobrinho	a sobrinha	nephew	niece
o primo	a prima	(male) cousin	(female) cousin
o avô	a avó	grandfather	grandmother
o neto	a neta	grandson	granddaughter
o marido	a esposa	husband	wife
o sogro	a sogra	father-in-law	mother-in-law
o genro	a nora	son-in-law	daughter-in-law
o cunhado	a cunhada	brother-in-law	sister-in-law

Many other nouns with a masculine and a feminine form change to the feminine by adding **-a**, for example:

o **professor**	a **professora**	teacher
o **cantor**	a **cantora**	singer
o **português**	a **portuguesa**	the Portuguese

Some nouns can be masculine or feminine, depending on the gender of the person to whom they refer:

o **presidente**	(male) president
a **presidente**	(female) president
o **contabilista**	(male) accountant
a **contabilista**	(female) accountant
o **turista**	(male) tourist
a **turista**	(female) tourist
o **guia**	(male) guide
a **guia**	(female) guide
o **jovem**	(male) youngster
a **jovem**	(female) youngster

There are also nouns that have a fixed gender, irrespective of whether they refer to male or female:

a **criança**	(male or female) child
a **vítima**	(male or female) victim

In general, the ending of the noun will indicate its gender, as illustrated below.

1 Most nouns ending in **-o** and **-l** are masculine:

o **jogo**	game	o **hotel**	hotel
o **copo**	glass, tumbler	o **anel**	ring
o **bolo**	cake	o **papel**	paper
o **preço**	price	o **automóvel**	automobile
o **coelho**	rabbit	o **sol**	sun

2 Most nouns ending in **-a**, **-de**, **-gem**, **-ice**, **-ie**, **-ção** and **-zão** are feminine:

a **mesa**	table	a **coragem**	courage
a **cama**	bed	a **viagem**	journey, voyage
a **cadeira**	chair	a **velhice**	old age
a **tarde**	afternoon	a **superfície**	surface
a **caridade**	charity	a **condição**	condition
a **verdade**	truth	a **lição**	lesson
a **juventude**	youth	a **operação**	operation
a **virtude**	virtue	a **razão**	reason

Exceptions: **o dia** (day), **o problema** (problem), **o planeta** (planet), **o mapa** (map), **o coração** (heart).

Forming the plural

Below are a few simple rules on how to form the plural of nouns in Portuguese.

1 Nouns ending in a vowel form the plural by adding **-s**:

o carro	os carros	car(s)
a casa	as casas	house(s)
a cidade	as cidades	city/cities
o dia	os dias	day(s)
o pneu	os pneus	tyre(s)

2 Nouns ending in **-r**, **-s** and **-z** form the plural by adding **-es**:

o mar	os mares	sea(s)
o colar	os colares	necklace(s)
o mês	os meses	month(s)
o inglês	os ingleses	English/the English
a luz	as luzes	light(s)

Exceptions: **o lápis, os lápis** (pencil/pencils)

3 To form the plural of nouns ending in **-l**, you will need to replace this consonant with **-is**:

o casal	os casais	couple(s)
o anel	os anéis	ring(s)
o papel	os papéis	paper(s)
o funil	os funis	funnel(s)
o azul	os azuis	blue/blue tones

4 Nouns ending in **-ão** make their plural by changing **-ão** into **-ões**:

o coração	os corações	heart(s)
a operação	as operações	operation(s)
a conclusão	as conclusões	conclusion(s)
a opinião	as opiniões	opinion(s)

Exceptions: **a mão, as mãos** (hand/hands), **o pão, os pães** (bread roll/bread rolls).

5 Nouns ending in **-m** form the plural by changing the **-m** into **-ns**:

o hom**em**	os hom**ens**	man/men
o jov**em**	os jov**ens**	young person(s)
a viag**em**	as viag**ens**	journey(s)
a garag**em**	as garag**ens**	garage(s)

When used in the plural, the meaning of some nouns changes, depending on the context. This is the case with family relationship nouns and other nouns that can form a pair.

o pai	os pais	father/fathers, parents
o filho	os filhos	son/sons, children
o irmão	os irmãos	brother/brothers, brother(s) and sister(s)
o professor	os professores	male teacher/teachers
o vizinho	os vizinhos	male neighbour/neighbours

Examples: **O meu *pai* chama-se Eugénio.**
My father is called Eugénio.

Os meus *pais* são portugueses.
My parents are Portuguese.

O Mário é teu *irmão*.
Mário is your brother.

Eu tenho quatro *irmãos*: dois irmãos e duas irmãs.
I have four brothers and sisters: two brothers and two sisters.

Note: some nouns only have a plural form, for example: **os óculos** (spectacles); **as calças** (trousers); **as costas** (back).

Diminutives and augmentatives

Diminutive and augmentative forms of nouns modify their meaning, expressing size, intensity or emotion.

1 The most common diminutives are formed by dropping the ending vowel and adding **-inho/-inha** or simply by adding **-zinho/-zinha** to the ending diphthong or consonant:

a cama	a cam*inha*	bed/small, little bed
o filho	o filh*inho*	son/wee, little son
o pão	o pão*zinho*	bread/bread roll
o João	o João*zinho*	John/wee, little John

2 The most common augmentatives are added to the end of nouns, by replacing the ending vowel with **-ão**:

o livro   **livr*ão*** book/massive book
o carro   **carr*ão*** car/big car

Diminutives and augmentatives can be used to express size.

More commonly, and particularly used in informal Portuguese, a diminutive can express affection or endearment, in the same way that English often uses 'nice' or even 'nice little'.

Example: **Vamos tomar um cafezinho.**
Let's go and have a (nice little) coffee.

Diminutives are commonly used as a form of endearment between parents and children (and vice versa) and grandparents and grandchildren (and vice versa).

Examples: **Bom dia, mãezinha!**
Good morning, mummy!

Olá meu netinho, como estás?
Hello, my little grandson, how are you?

In a similar context, diminutives are added to proper names:

Examples: **Olá Paulinha, como estás?**
Hi dear/little Paula, how are you?

O Pedrinho só tem três anos.
Little Pedro is only three years old.

Diminutives are more commonly used than augmentatives.

This basic information on nouns is enough to get you started in Portuguese. You will see more examples of masculine and feminine, singular and plural nouns as we progress through the book.

Exercise 1

Are the following nouns masculine or feminine? Write the correct definite article in the gap.

1	_____ coração	7	_____ cidade
2	_____ mão	8	_____ cadeira
3	_____ casa	9	_____ professor
4	_____ mulher	10	_____ cão
5	_____ viagem	11	_____ homem
6	_____ anel	12	_____ automóvel

Exercise 2

Form the plural of the following nouns:

1 o irmão / _____
2 o professor / _____
3 o perfil / _____
4 a viagem / _____
5 a estação / _____
6 a cidade / _____

7 a cor / _____
8 a mulher / _____
9 a opinião / _____
10 o casaco / _____
11 o pai / _____
12 o papel / _____

Exercise 3

Write the feminine of the following nouns:

1 o irmão / _____
2 o professor / _____
3 o contabilista / _____
4 o pai / _____
5 o filho / _____
6 o gato / _____

7 o cão / _____
8 o homem / _____
9 o marido / _____
10 o tio / _____
11 o paciente / _____
12 o avô / _____

Exercise 4

Rewrite the following nouns by applying the diminutive forms appropriately:

1 o irmão / _____
2 o cão / _____
3 a filha / _____
4 o pai / _____
5 o filho / _____
6 o gato / _____

7 o cavalo / _____
8 a casa / _____
9 a mão / _____
10 a janela / _____
11 a neta / _____
12 o avô / _____

Exercise 5

Identify the masculine nouns in the list below:

1	cão	9	avô
2	mão	10	mulher
3	pedra	11	cadeira
4	canção	12	coração
5	sol	13	caneta
6	cidade	14	pão
7	gato	15	viagem
8	homem	16	coelho

Exercise 6

Complete the following narrative by filling in the blank spaces with the appropriate noun.

filhos   professora   manhã   dias   crianças   casa   pai   professores

O _____ (1) e a mãe da Mariana moram em Lisboa. A mãe é _____
(2) na escola primária e ensina _____ (3) pequenas, e o pai também é
professor mas ensina jovens. São os dois _____ (4) de português. Estão na
escola todos os _____ (5) entre as oito horas da _____ (6) e as quatro
horas da tarde. À noite estão sempre em _____ (7) a descansar. Ao fim-
de-semana visitam os _____, (8) a Mariana e o Pedro.

Exercise 7

Complete the following narrative by filling in the blank spaces with the appropriate plural noun.

línguas   pessoas   organizações   continentes   Nações   países   milhões

O Português é língua oficial em vários _____ (1): Portugal, Brasil, Angola,
Moçambique, Cabo Verde, Guiné-Bissau, São Tomé e Príncipe, Timor Leste e
Macau. É uma língua falada em quatro _____ (2) por quase 300 _____
(3) de _____ (4) e é, por isso, a quinta língua mais usada do mundo. É
também língua oficial de várias _____ (5) internacionais, como por exemplo
a União Europeia, o Mercosul, a União das _____ (6) Sul-Americanas e
a União Africana e dos Países Lusófonos. Assim como três outras _____
(7) europeias – o Espanhol, Italiano e Francês, – o Português é uma língua
românica e tem a sua origem direta no Latim.

Key vocabulary for Unit 1

escola primária (f.)	primary school
fim-de-semana (f.)	weekend
janela (f.)	window
junto com	together with
língua (f.)	language
mundo (m.)	world
noite (f.)	night
organizações (f. pl.)	organisations
origem (f.)	origin
outras (f. pl.)	other
país (m.)	country
por isso	so, for that reason
sempre	always
vários	several

UNIT 2
Articles

Definite article

There are two types of article in Portuguese: the definite article and the indefinite article. As in English, the definite article ('the') is normally used to identify a specific noun or to refer to something that has already been mentioned, for example: 'Pass me the book on the table' (i.e. that specific book).

On the other hand, the indefinite article ('a', 'an' or 'some') is used to refer to non-specific nouns or to introduce a new element.

In Portuguese, the definite article can be masculine or feminine and singular or plural, depending on the noun(s) it qualifies:

masculine singular:	**o**	**o livro**	the book
masculine plural:	**os**	**os livros**	the books
feminine singular:	**a**	**a praia**	the beach
feminine plural:	**as**	**as praias**	the beaches

Example: ***As praias* do Algarve são quentes.**
Beaches in the Algarve are hot.

Indefinite article

Like the definite article, the indefinite article can be masculine or feminine and singular or plural, depending on the noun(s) it qualifies:

masculine singular:	**um**	**um livro**	a book
masculine plural:	**uns**	**uns livros**	some books
feminine singular:	**uma**	**uma praia**	a beach
feminine plural:	**umas**	**umas praias**	some beaches

Example: **O Algarve tem praias muito bonitas.**
The Algarve has very beautiful beaches.

As is the case in English, the usual way of expressing the plural indefinite article is in fact by using the plural of the noun alone. When **uns** and **umas** are used, it is to mark the meaning of 'some'. Compare the examples below:

Há um livro na mesa.   There is a book on the table.
Há livros na mesa.   There are books on the table.
Há uns livros na mesa.   There are some books on the table.

In Portuguese, the definite and indefinite articles are used in much the same way as in English but with some important differences. Here are the two main ones:

1 *Before first names*
In general, first names in Portuguese are preceded by the definite article.

Examples: **A Joana fala inglês.**
Joana speaks English.

O Pedro e o Rui jogam futebol.
Pedro and Rui play football.

2 *Before professions*
When preceding a noun that indicates a profession, the indefinite article is omitted, unless the noun in question is the subject in the sentence.

Examples: **A minha irmã é engenheira.**
My sister is an engineer.

O David é médico.
David is a doctor.

Um professor trabalha muitas horas.
A teacher works many hours/long hours.

Contraction of the definite article

When the definite article is used with certain prepositions, it 'contracts' with them; in other words, the definite article and the preposition join together to form a new word, as illustrated below.

1 **de** plus the definite article translates as 'in', 'of', 'from' or indicates possession:

de + o	= do	**Portugal é o país mais ocidental *do* continente europeu.** Portugal is the most western country in the European continent.
a	= da	**Londres é a capital *da* Inglaterra.** London is the capital city of England.
os	= dos	**Eles são *dos* Açores.** They come from the Azores.
as	= das	**Os filhos *das* minhas amigas portam-se bem.** My (girl) friends' children behave well.

2 **em** plus the article translates as 'on', 'in', 'about', 'at':

em + o	= no	**Ele mora *no* segundo andar.** He lives on the second floor.
a	= na	**(Eu) moro *na* casa azul.** I live in the blue house.
os	= nos	**O Pedro só pensa *nos* problemas dele.** Pedro only thinks about his own problems.
as	= nas	**Há sempre gente simpática *nas* festas da Isabel.** There are always nice people at Isabel's parties.

3 **a** plus the article translates as 'to', 'at', 'on':

a + o	= ao	**O Paulo vai *ao* cinema.** Paulo is going to the cinema.
a	= à	**A Ana chega *à* uma hora.** Ana arrives at one o'clock.
os	= aos	**O José só descansa *aos* domingos.** José only rests on Sundays.
as	= às	**A Maria nunca trabalha *às* segundas-feiras.** Maria never works on Mondays.

4 **por** plus the article translates as 'for', 'by', 'through', 'along':

por + o	= **pelo**	**Eu espero *pelo* João.**	I'll wait for João.
	a	= **pela**	**Esta receita foi criada *pela* Sandra.** This recipe was created by Sandra.
	os	= **pelos**	**Os dois alunos caminham *pelos* parques da cidade.** The two students walk through the city parks.
	as	= **pelas**	**O Rui passeia *pelas* praias do sul.** Rui travels along the southern beaches.

Contraction of the indefinite article

The indefinite article can also contract with two prepositions, **em** and **de**.

1 **em** plus the article translates as 'on', 'at', 'in', 'about':

em + um	= **num**	**Ela está *num* avião a caminho de Nova Iorque.** She is on a plane to New York.
	uma	= **numa**	**Ele está *numa* idade difícil.** He is at an awkward age.
	uns	= **nuns**	**Elas fizeram tudo *nuns* minutos!** They did everything in a few minutes!
	umas	= **numas**	**O Pedro pensa *numas* coisas muito estranhas.** Pedro thinks about some very strange things.

2 The indefinite article contracts with **de** in informal language, especially when speaking.

de + um	= **dum**	**Ela é filha *dum* professor.** She's the daughter of a teacher.
	uma	= **duma**	**Ele vem *duma* terra distante.** He comes from a distant land.
	uns	= **duns**	**(Eu) estou a falar *duns* amigos meus.** I'm talking about some friends of mine.
	umas	= **dumas**	**Esta é a opinião *dumas* colegas minhas.** This is the opinion of some colleagues of mine.

In more formal language, and especially in written Portuguese, you will see the non-contracted forms, e.g. **Ela vem de uma terra distante.**

Exercise 1

Write the correct definite article in the gap, ensuring it agrees in gender and number with the noun.

o   os   a   as

1	_____ idade	7	_____ dia
2	_____ pães	8	_____ fim-de-semana
3	_____ problemas	9	_____ domingo
4	_____ mulher	10	_____ pais
5	_____ automóvel	11	_____ língua
6	_____ praia	12	_____ amigas

Exercise 2

Complete the following sentences with the definite or indefinite article.

o   a   um   uma

1 _____ Joana é portuguesa.
2 _____ Peter é inglês.
3 O Joseph é _____ homem simpático.
4 A Jéssica tem _____ casa bonita.
5 _____ Brasil é _____ país grande da América do Sul.
6 A Fernanda é _____ mulher portuguesa.
7 A Jaela é _____ menina angolana.
8 _____ domingo é dia de descanso.
9 _____ segunda-feira é dia de trabalho.
10 _____ professor da Joana é americano.
11 _____ homem de camisa azul chama-se Manuel.
12 _____ família da Fernanda vive na Madeira.

Exercise 3

Match the phrases below with the correct translations.

1	ao domingo	a	the accountant's friends
2	pela professora	b	in a car
3	no apartamento	c	a man and a woman
4	um homem e uma mulher	d	in a large room
5	num automóvel	e	in a foreign country
6	os amigos do contabilista	f	by the teacher
7	numa sala grande	g	on Sunday
8	num país estrangeiro	h	in the flat

Exercise 4

Complete the sentences by filling in the gaps with the contracted forms below (one form is used twice).

numa   na   do   duma   num   pelo   nas   no   nos   pela

1 Os lisboetas moram _____ cidade linda.
2 Os brasileiros moram _____ país exótico.
3 Nós trabalhamos numa empresa _____ centro de Beja.
4 A Joana estuda _____ biblioteca.
5 Estes trabalhos são _____ amigo do Rui.
6 O livro de português é _____ lisboeta simpática.
7 Nós passeamos _____ parque da universidade.
8 Os jovens jogam à bola _____ praias do Algarve.
9 Tu moras _____ segundo andar do prédio azul.
10 _____ livros há muita informação.
11 O projeto criado _____ Catarina é de português.

Exercise 5

Complete the following narrative by filling in the blank spaces with the correct article or contracted form (some are used more than once).

a   o   do   da   na

Portugal tem três zonas dialectais: _____ (1) Norte, _____ (2) Centro e _____ (3) Sul. _____ (4) Norte é a zona _____ (5) primeiro reino português e é também _____ (6) berço _____ (7) língua portuguesa _____ (8) sua forma mais arcaica. _____ (9) Norte compreende Trás-os-Montes e Alto Douro e _____ (10) Douro Litoral, onde fica _____ (11) cidade do Porto. O Centro _____ (12) país compreende _____ (13) Beira Alta, _____ (14) Beira Baixa e _____ (15) Beira Litoral, onde fica Coimbra, que é considerada por muitas pessoas _____ (16) cidade onde se fala o português mais correto. A Universidade de Coimbra é _____ (17) mais antiga de Portugal. A zona sul compreende _____ (18) Estremadura, _____ (19) Ribatejo, _____ (20) Alto Alentejo, _____ (21) Baixo Alentejo e _____ (22) Algarve. O Sul inclui _____ (23) capital portuguesa, Lisboa, onde se fala _____ (24) língua padrão, de acordo com alguns teóricos.

Key vocabulary for Unit 2

americano (m.)	American
amiga (f.)	(female) friend
angolana (f.)	Angolan
apartamento (m.)	flat
arcaica (f.)	archaic
azul (m./f.)	blue
berço (m.)	crib
biblioteca (f.)	library
brasileiro (m.)	Brazilian
camisa (f.)	shirt
capital (f.)	capital city
Centro (m.)	the Centre Region
cidade (f.)	city, town
compreende	comprehends
cor (f.)	colour
correto (m.)	correct
de acordo com	according to
descanso (m.)	rest
dialetais (f. pl.)	dialectal
domingo (m.)	Sunday
empresa (f.)	company
enorme	huge, enormous
exótico (m.)	exotic
família (f.)	family
forma (f.)	form, shape
grande	big, large
inglês (m.)	English
jogar à bola	to play ball
linda (f.)	beautiful
lisboetas (f. pl.)	people from Lisbon
mais antiga (f.)	most antique, older
muitas pessoas (f. pl.)	many people
Norte (m.)	the North
onde	where
parque (m.)	park
primeiro (m.)	first
teóricos (m. pl.)	theorists
universidade (f.)	university
zona (f.)	zone

UNIT 3
Numbers, times and dates

Numbers

0	zero	40	quarenta
1	um	41	quarenta e um, etc.
2	dois	50	cinquenta
3	três	60	sessenta
4	quatro	70	setenta
5	cinco	80	oitenta
6	seis	90	noventa
7	sete	100	cem
8	oito	101	cento e um, etc.
9	nove	121	cento e vinte e um, etc.
10	dez	200	duzentos
11	onze	300	trezentos
12	doze	400	quatrocentos
13	treze	500	quinhentos
14	catorze	600	seiscentos
15	quinze	700	setecentos
16	dezasseis	800	oitocentos
17	dezassete	900	novecentos
18	dezoito	1000	mil
19	dezanove	1001	mil e um, etc.
20	vinte	1021	mil e vinte e um, etc.
21	vinte e um	1121	mil cento e vinte e um, etc.
22	vinte e dois	2000	dois mil
23	vinte e três	2001	dois mil e um, etc.
24	vinte e quatro, etc.	1,000,000	um milhão
30	trinta	1,000,001	um milhão e um, etc.
31	trinta e um, etc.	1,100,121	um milhão cem mil cento e vinte e um, etc.

Where **um** and **dois** are used to qualify feminine nouns, they change to **uma** and **duas** respectively, for example:

uma laranja   one orange
duas canetas   two pens
vinte e duas chaves twenty-two keys

Similarly, **duzentos, trezentos**, etc. become **duzentas, trezentas**, etc. before a feminine noun.

Example: **Vivem aqui *duzentas* pessoas.**
           Two hundred people live here.

When combining numbers in Portuguese, **e** is placed between tens and units, and between hundreds and tens and units:

   35 **trinta *e* cinco**
 472 **quatrocentos *e* setenta *e* dois**

When counting in the thousands, **e** is used to link the hundreds and tens and units:

 1968 **mil novecentos *e* sessenta *e* oito**

but

   1500 **mil e quinhentos**
   3400 **três mil e quatrocentos**
1,223,785 **um milhão duzentos e vinte e três mil setecentos e oitenta e cinco**
2,194,532 **dois milhões cento e noventa e quatro mil quinhentos e trinta e dois**

Note: when reading longer numbers, you pause after the millions and after the thousands. So when reading the last number listed above, you would pause twice, after **milhões** and after **mil**:

dois milhões [pause] **cento e noventa e quatro mil** [pause] **quinhentos e trinta e dois**

Telling the time

As long as you know the relevant numbers and a few key phrases, you will be able to tell the time in Portuguese.

If the time is on the hour:

É uma hora.	It's one o'clock.
São quatro horas.	It's four o'clock.
São dez horas.	It's ten o'clock.

To add the minutes past the hour, the word **horas** is dropped and the hour and minutes are linked by **e**:

É uma e vinte.	It's twenty past one.
São quatro e dez.	It's ten past four.

For half past the hour, **e meia** is used:

São dez e meia.	It's half past ten.

After half past the hour, the time is usually expressed in relation to the coming hour using **para as**, in the same way as English:

São cinco para as três.	It's five to three.

But please note that in parts of the north of Portugal, a different format is used, with **menos**: **são três menos cinco**.

For midday and midnight, you can use the following expressions:

É meio-dia.	It's midday/noon.
É meia-noite.	It's midnight.

To indicate which part of the day you are referring to, you can add the following expressions to the time:

da manhã	in the morning
da tarde	in the afternoon/evening (until dark)
da noite	at night (after dark)

To say 'at' a certain time, use the following:

à uma hora	at one o'clock
às duas	at two o'clock
às seis e meia	at half past six
à meia-noite	at midnight

but

ao meio-dia	at midday

You can also add **da manhã**, **da tarde** or **da noite** to be more precise:

às três horas da tarde   at three o'clock in the afternoon

To express approximate time, you can use **pela** or **pelas** with the hour:

pela uma (da tarde)   at about one (in the afternoon)
pelas seis (da manhã)   at about six (in the morning)

Note: in the published media, for official purposes and in broadcasting, the twenty-four hour clock is used, for example:

O acidente ocorreu pelas dezasseis horas.
The accident occurred around 4 p.m.

Days of the week

The days of the week are:

a segunda-feira	Monday
a terça-feira	Tuesday
a quarta-feira	Wednesday
a quinta-feira	Thursday
a sexta-feira	Friday
o sábado	Saturday
o domingo	Sunday

The days of the week are not capitalised unless they come at the start of a sentence.

Saturday and Sunday are masculine nouns and so to say 'on Saturday' or 'on Sunday' the contracted preposition **no** is used:

no sábado	on Saturday
no domingo	on Sunday

The other days of the week are feminine nouns and so we use **na** to say 'on Monday', etc.

na terça-feira	on Tuesday
na quarta-feira	on Wednesday

Feira is dropped whenever you refer to more than one day of the week together. In this instance, it is dropped from the first day(s) mentioned, for example:

Ele tem folga na segunda e terça-feira.
He is off on Monday and Tuesday.

Ela trabalha terça, quarta e sexta-feira.
She works on Tuesday, Wednesday and Friday.

In more informal uses, it is common for **feira** to be dropped altogether, so for example 'on Friday' can be expressed as either **na sexta-feira** or **na sexta**, and 'on Tuesday and Thursday' can be expressed as **na terça e na quinta**.

If you want to say 'on Saturdays' or 'on Sundays', **ao** or **aos** is used:

ao(s) sábado(s)   on Saturdays
ao(s) domingo(s)   on Sundays

For the other days of the week, use **à** or **às**:

à(s) quarta(s)-feira(s)   on Wednesdays
à(s) quarta(s)

Months of the year

Following the 1990 orthographic agreement, months are now written in lower case.

janeiro	January
fevereiro	February
março	March
abril	April
maio	May
junho	June
julho	July
agosto	August
setembro	September
outubro	October
novembro	November
dezembro	December

To say 'in' a particular month, the preposition **em** is used.

Examples: **Em dezembro.**   **Em maio.**
          In December.   In May.

The four seasons of the year are:

o inverno   winter
a primavera   spring
o verão   summer
o outono   autumn

Following the 1990 orthographic agreement, seasons are also now written in lower case.

Centuries are represented in Roman numerals and in capitals.

Examples: **O século XX**
The 20th century

Estamos no século XXI.
We're in the 21st century.

Dates

In Portuguese, dates can be expressed in numbers or in full. If using the numerical format, the year comes first, then the month and the day last. In the worded format, the order is similar to English, but the day is represented by a cardinal number.

Examples: **2014-01-03**

três de janeiro de 2014
third of January of 2014

Sexta-feira, três de janeiro de 2014
Friday, third of January of 2014

Exercise 1

Write out in full the following numbers in Portuguese.

a	45	e	2000	i	3013	n	185
b	90	f	38	j	4548	o	22,895
c	16	g	365	l	901	p	817
d	2014	h	500	m	267	q	5421

Exercise 2

The nouns in the left column represent activities which typically take place at specific times of the year, so you will need to link them to the appropriate season or month of the year.

1	a praia	a	fevereiro
2	o Natal	b	o inverno
3	a escola	c	a primavera
4	a Páscoa	d	dezembro
5	o carnaval	e	janeiro
6	a neve e chuva	f	o outono
7	o Ano Novo	g	o verão

Exercise 3

Using the twenty-four hour clock write out the times below in full in Portuguese.

1	09:15	6	14:35
2	10:00	7	17:55
3	11:40	8	21:00
4	12:00	9	22:15
5	13:10	10	24:00

Exercise 4

Using the less formal method, write out the times below in full in Portuguese.

1	7.15 a.m.	6	2.35 p.m.
2	8 a.m.	7	5.20 p.m.
3	9.50 a.m.	8	6 p.m.
4	11.45 a.m.	9	10.40 p.m.
5	12.30 p.m.	10	12 a.m.

Exercise 5

Match the phrases below with the correct translations.

1	quarta-feira, onze de dezembro	a	Monday, eighteenth of November
2	sábado, vinte e seis de abril	b	Thursday, thirteenth of March
3	segunda, dez de fevereiro	c	Sunday, fifteenth of May
4	sexta-feira, três de janeiro	d	Tuesday, seventeenth of June
5	sábado, doze de julho	e	Saturday, twenty-sixth of April
6	quinta-feira, catorze de agosto	f	Sunday, nineteenth of October
7	terça, dezasseis de setembro	g	Wednesday, eleventh of December
8	segunda, dezoito de novembro	h	Saturday, twelfth of July
9	domingo, quinze de maio	i	Monday, tenth of February
10	domingo, dezanove de outubro	j	Tuesday, sixteenth of September
11	terça-feira, dezassete de junho	l	Friday, third of January
12	quinta-feira, treze de março	m	Thursday, fourteenth of August

Exercise 6

Complete the following narrative by writing the day or time in the gaps, from (a) to (q).

Em Portugal é obrigatório estabelecimentos de atendimento ao público afixarem o horário de funcionamento nas suas instalações. As lojas e outros estabelecimentos comerciais normalmente estão abertos ao público durante a semana, de _____ (a) a sexta-feira, das _____ (b) (9) às _____ (c) (13) e das _____ (d) (14) às _____ (e) (18) horas e ao _____ (f) de manhã, mas encerram ao domingo. Os bancos têm um horário diferente; estão fechados ao fim-de-semana e abrem apenas de _____ (g) a _____ (h), normalmente das nove às _____ (i) (15h30).

As lojas do cidadão, no geral abrem ao público entre as _____ (j) (8h30) e as _____ (l) (19h30), de _____ (m) a _____ (n); ao sábado abrem das _____ (o) (9h30) às _____ (p) (15h00) e encerram ao _____ (q). Em algumas cidades, a loja do cidadão tem horário reduzido.

Key vocabulary for Unit 3

abrem ao público	open to the public
afixarem	display
algumas (f. pl.)	some
carnaval (m.)	carnival
chuva (f.)	rain
é obrigatório	it is compulsory
encerram	close
estabelecimentos comerciais (m. pl.)	commercial establishments, shops
estão abertos ao público	are open to the public
horário de funcionamento (m.)	opening times
horário reduzido (m.)	reduced opening times
Natal (m.)	Christmas
neve (f.)	snow
no geral	in general
nomeadamente	namely
normalmente	normally, usually
Páscoa (f.)	Easter
porém	however
tempo (m.)	time
ter folga	to have a day off

UNIT 4

Subject pronouns and present tense of regular verbs

Subject pronouns

Subject pronouns tell us about the subject or 'person' of the verb. Taking English as an example, verbs have three 'persons' in both the singular and the plural: the first person singular is 'I', the second is 'you' and the third person is 'he' or 'she'. In the plural the first person is 'we', the second person is 'you' and the third is 'they'.

In Portuguese, the same basic pattern is followed but with one important difference, which relates to how 'you' is expressed. Deciding how to address someone in Portuguese is not as straightforward as in English, where the only option in most circumstances is 'you'. In contrast, Portuguese offers a number of alternatives depending on the speaker's relationship with the person addressed:

1 When addressing friends, relatives or children, the familiar form of address is used and the corresponding subject pronoun is **tu** (singular) or **vocês** (plural).
2 When you wish to be a little more formal, perhaps when speaking with someone you have already met but don't know well, you can use **você** in the singular or **vocês** in the plural. Note that **vocês** is used for both familiar and slightly more formal forms of address in the plural.
3 To be more formal, for example when addressing someone you have never met before, **o senhor** is used for a man, **a senhora** for a woman. If you are addressing more than one man in formal circumstances, use **os senhores** and, similarly, for more than one woman, **as senhoras**. Where there is a mix of men and women, **os senhores** is used.

As to verb conjugation, *tu* has a specific second person conjugation, as shown below. However, **você(s)**, **o(s) senhor(es)** and **a(s) senhora(s)** are conjugated in the third person and are usually grouped together with **ele(s)**, **ela(s)** because they share the same conjugation.

Although **você(s)**, **o(s) senhor(es)** and **a(s) senhora(s)** are the addressee, as **tu** is, there is a certain distancing to the first person, owing to the lack of familiarity which is implied in their use, hence the use of the more distant third person conjugation.

1st person singular	**eu**	I
2nd person singular	**tu**	you (familiar)
3rd person singular	**você**	you
	o senhor	you (formal masc.)
	a senhora	you (formal fem.)
	ele	he
	ela	she
1st person plural	**nós**	we
3rd person plural	**vocês**	you (familiar)
	os senhores	you (formal masc.)
	as senhoras	you (formal fem.)
	eles	they (masc. or both)
	elas	they (fem.)

If all of this sounds a little complicated, you can omit the subject pronoun entirely. We can do this because, in Portuguese, the endings of verb forms indicate the subject, or 'person' of the verb. This means that subject pronouns are often dropped because the verb itself usually tells us who the subject is.

This is in marked contrast with English, where subject pronouns are needed to show the person of the verb, e.g. 'I read the book' as opposed to 'You read the book'. Note that the form of the verb – 'read' – is the same in both sentences; the presence of the subject pronoun is the only thing that tells us who is actually reading the book. We will see some examples of omission of the subject pronoun later in this unit.

Regular present tense verbs

As in English, in basic terms the present tense in Portuguese expresses current actions, events or states. Regular verbs are verbs that follow certain predictable rules.

In Portuguese, verbs are categorised according to their basic form or infinitive. There are four groups of verbs: infinitives ending in **-ar**, **-er**, **-ir** and all infinitives that derive from the verb **pôr**.

To form – or to conjugate – the present tense of a regular verb, the last two letters of the infinitive (**-ar**, **-er**, **-ir**, **-or**) are removed and replaced by endings that indicate the person of the verb. Let's take the very common verb **falar** (to speak) as an example:

1st person singular	eu	**fal***o*	I speak
2nd person singular	tu	**fal***as*	you speak
3rd person singular	você o senhor a senhora ele ela	**fal***a* **fal***a*	you speak he speaks she speaks
1st person plural	nós	**fal***amos*	we speak
3rd person plural	vocês os senhores as senhoras eles elas	**fal***am* **fal***am*	you speak they speak

You will also notice that there is no second person plural given. This is because the second person plural of Portuguese verbs (**vós**) has fallen out of use, except in some very restricted circumstances. Instead, **vocês** or **os senhores** are used to express the idea of 'you' (plural), depending on the level of formality required.

Note that, as mentioned earlier, **você**, **o senhor**, **a senhora**, **ele** and **ela** all take the third person singular verb form and **vocês**, **os senhores**, **as senhoras**, **eles** and **elas** all take the third person plural verb form. Normally, the context will clarify the meaning but, if there is potential for confusion, the subject pronoun can be used with the verb. For example, and without any context, the sentence **Fala português** could have multiple meanings: 'he speaks Portuguese', 'she speaks Portuguese' or 'you speak Portuguese'. Here the addition of a subject pronoun will make matters clear, e.g. **Ela fala português** (She speaks Portuguese).

Likewise, the subject pronoun is used with the verb if you wish to draw attention to a contrast.

Example: **Ele fala português mas ela fala espanhol.**
He speaks Portuguese but she speaks Spanish.

Taking **falar** as your model, you can now conjugate other regular verbs in Portuguese which end in **-ar**. Here is **estudar** (to study). The subject pronouns are given in brackets as a reminder that their use is optional:

estudar

(eu)	**estud***o*
(tu)	**estud***as*
(você) (o senhor) (a senhora) (ele) (ela)	**estud***a*
(nós)	**estud***amos*
(vocês) (os senhores) (as senhoras) (eles) (elas)	**estud***am*

Below are some more of the most commonly used regular **-ar** verbs.

adorar	to adore; to love	**gostar de**	to like; to enjoy
ajudar	to help	**jogar**	to play (sports, a game)
andar	to walk; to move	**limpar**	to clean
apanhar	to catch	**mandar**	to order
cantar	to sing	**morar**	to reside
comprar	to buy	**nadar**	to swim
desejar	to wish	**olhar**	to look
detestar	to hate	**pensar em**	to think
entrar	to enter, go in	**sonhar**	to dream
escutar	to listen to	**trabalhar**	to work
esperar	to wait; to hope	**visitar**	to visit

Like regular **-ar** verbs, regular **-er** and **-ir** verbs also follow predictable patterns. The two examples below are set out like previous ones but, from now on, the subject pronouns will not be included.

comer	*partir*
com*o*	part*o*
com*es*	part*es*
com*e*	part*e*
com*emos*	part*imos*
com*em*	part*em*

Below are some more of the most commonly used regular **-er** and **-ir** verbs.

beber	to drink	**abrir**	to open
comer	to eat	**agir**	to act
compreender	to comprehend	**assistir**	to assist
entender	to understand	**cobrir**	to cover
escrever	to write	**conseguir**	to manage to
fornecer	to supply	**decidir**	to decide
oferecer	to offer	**desistir**	to give up
perceber	to understand	**dormir**	to sleep
querer	to want	**partir**	to break; to depart
responder	to reply, answer	**preferir**	to prefer
vencer	to win	**repartir**	to divide; to apportion
vender	to sell	**sentir**	to feel
viver	to live	**tossir**	to cough

Note: in **-ir** verbs, if the stem vowel is **e** or **o**, it changes to **i** or **u** in the first person, for example: **preferir** – **pref*i*ro**; **sentir** – **s*i*nto**; **dormir** – **d*u*rmo**; **tossir** – **t*u*sso**. If the ending consonant is **c**, **g** or **g(+u)**, it changes to **ç**, **j** and **g** in the first person, to maintain the original consonant sound, for example: **vencer** – **venço**; **agir** – **a*j*o**; **conseguir** – **consi*g*o**.

Exercise 1

Complete the following sentences with the appropriate subject pronoun.

1 A Ana estuda na universidade. _____ estuda línguas.
2 O Pedro canta numa banda. _____ canta muito bem.
3 A Maria e o João moram em Viseu. _____ visitam o Porto frequentemente.
4 Eu gosto muito de café. E _____, também gostas?
5 Eu e o meu marido visitamos Portugal todos os anos em agosto. _____ adoramos o calor.
6 _____ moro num apartamento.
7 A Joana e a Filipa nadam muito bem. _____ nadam todos os dias.
8 "Meninos, _____ falam muito alto!"
9 "Paulo, _____ trabalha em casa?"
10 O Francisco e o Manuel vivem em Inglaterra. Mas _____ não gostam do frio.

Exercise 2

Complete the following sentences with the correct **-ar** verb conjugation.

1 Elas _____ (nadar) no mar.
2 Nós _____ (morar) em Lisboa.
3 Vocês _____ (falar) português?
4 Tu só _____ (comprar) roupa de marca.
5 A Fiona _____ (gostar) muito do Porto.
6 O Peter _____ (visitar) o Algarve todos os verãos.
7 A Maria _____ (detestar) o frio e a chuva.
8 O David _____ (falar) muito bem português.
9 Os ingleses _____ (andar) muito a pé.
10 A Joana trabalha a tempo inteiro, mas eu _____ (trabalhar) em regime parcial.
11 O Pedro apanha o autocarro para ir trabalhar. Eu _____ (apanhar) o comboio.
12 Eu _____ (esperar) chegar a casa cedo.

Exercise 3

Rewrite the following sentences using the pronoun in brackets.

1 Os portugueses comem muito peixe. (Nós)
2 A Audrey escreve muito bem em português. (Tu)
3 O Pedro responde prontamente a todos os emails que recebe. (Vocês)
4 As crianças bebem muito leite. (A senhora)
5 O João não entende que não é possível sair hoje. (Eu)
6 (Tu) compreendes o Francisco? (Os senhores)
7 Eu defendo sempre os amigos. (Ela)
8 Ela gosta sempre de vencer. (O senhor)
9 Nós fornecemos produtos para empresas em Inglaterra. (Eu)
10 (Vocês) querem ir ao cinema amanhã à noite? (Você)
11 Eu venço todas as competições. (Tu)
12 O bebé dorme muito bem de noite. (Nós)

Exercise 4

Complete the following sentences with the correct **-ir** verb conjugation

1 Quando entra em competições, o João _____ (desistir) sempre.
2 Nós _____ (decidir) tudo em conjunto.
3 "Vocês _____ (conseguir) tudo o que desejam?"
4 "(Eu) _____ (sentir) dores de cabeça."
5 A professora _____ (repetir) toda a informação outra vez.
6 A cozinheira _____ (cobrir) o bolo de aniversário com chocolate.
7 Nós _____ (dormir) muito mal. Sofremos de insónia.
8 O comboio _____ (partir) às 10h00 em ponto.
9 O bebé da Ana _____ (tossir) muito durante a noite.
10 O meu colega _____ (pedir) muitos favores. É muito irritante!

Exercise 5

Complete the following sentences with the correct **-or** verb conjugation.

1 "Eu _____ (pôr) a mesa e tu fazes o jantar! Que achas?"
2 O meu professor _____ (compor) muita música para piano.
3 Um crítico literário _____ (decompor) um texto.
4 Infelizmente, um ladrão nunca _____ (repor) o dinheiro que rouba.
5 O chefe _____ (propor) abrir a loja mais cedo.
6 (Eu) _____ (supor) que a filha da Ana já fala.
7 O empregado _____ (expor) os produtos cuidadosamente na prateleira.
8 Tu _____ (pôr) tudo no sítio certo muito rapidamente.
9 Hoje-em-dia (nós) _____ (dispor) de tecnologia muito avançada.
10 "Vocês _____ (pôr) tudo fora do sítio!"

Exercise 6

Complete the following text by conjugating the regular verbs in brackets.

Tradicionalmente os portugueses _____ (1) (usar) certa formalidade nas formas de tratamento, principalmente quando _____ (2) (falar) com pessoas que não _____ (3) (conhecer) ou estão em ambientes de trabalho. Frequentemente, _____ (4) (tratar) os licenciados em engenharia por "Engenheiro/a", os licenciados em arquitetura por "Arquiteto/a", mas _____ (5) (chamar) "Doutor(a)" aos licenciados em humanidades, ciências e outras áreas. A este título profissional os portugueses _____ (6) (adicionar) normalmente o primeiro nome da pessoa, como por exemplo: *a Eng.ª Ana vai visitar a obra*; *o Dr. Manuel trabalha em Lisboa*.

Quando um português _____ (7) (falar) diretamente com outra pessoa, _____ (8) (usar) primeiro a forma de tratamento – "Sr.[senhor]" ou "Sra [senhora]", – seguida do título profissional e _____ (9) (omitir) o nome, por exemplo *"Bom dia, Sra Dr.ª [senhora doutora]"* ou *"Boa tarde, Sr. Eng.º [senhor engenheiro]. Como está?"*

Atualmente, muitas pessoas _____ (10) (começar) a relaxar tanta formalidade, mas na maioria das situações ainda _____ (11) (continuar) a fazer uso dela.

Key vocabulary for Unit 4

a tempo inteiro	full time
adicionar	to add
ainda	yet
alto (m.)	loud, high, tall
ambientes de trabalho (m. pl.)	work environments
andar a pé	to walk
aniversário (m.)	birthday, anniversary
arquitetura (f.)	architecture
atualmente	these days
autocarro (m.)	bus
baixo (m.)	short
bebé (m.)	baby
bolo de aniversário (m.)	birthday cake
calor (m.)	heat
cedo	early
certa formalidade (f.)	a certain level of formality
chamar	to call
chocolate (m.)	chocolate
ciências (f. pl.)	sciences
comboio (m.)	train
começar	to start
competições (m. pl.)	competitions
conhecer	to know (someone)
continuar	to continue
cozinheira (f.)	cook
cuidadosamente	carefully
diretamente	directly
dores de cabeça (f. pl.)	headaches
durante	during
em conjunto	together
em ponto	exactly at, on the dot
em regime parcial	part time

empregado (m.)	employee	**4** Subject pronouns and regular verbs
engenharia (f.)	engineering	
fora do sítio	out of place	
forma de tratamento (f.)	forms of address	
frequente (m./f.)	frequent	
frio (m.)	cold	
hoje	today	
hoje-em-dia	these days	
humanidades (f. pl.)	humanities	
infelizmente	unfortunately	
informação (f.)	information	
insónia (f.)	insomnia	
irritante (m./f.)	irritating	
jantar (m.)	dinner	
ladrão (m.)	thief	
leite (m.)	milk	
licenciados (m. pl.)	graduates	
loja (f.)	shop	
mais cedo	earlier	
mal	bad, badly	
mar (m.)	sea	
mas	but	
mesa (f.)	table	
meu (m.)	my, mine (relating to masculine things)	
na maioria das situações	in most cases	
no sítio certo	in the right place	
normalmente	normally	
obra (f.)	construction site	
omitir	to omit	
outra vez	again	
outras áreas (f. pl.)	other areas	
peixe (m.)	fish	
possível	possible	
prateleira (f.)	shelf	
precedido (m.)	preceded by	
primeiro	first	
principalmente	mainly	
produtos (m. pl.)	products	
prontamente	promptly	
quando	when	
rapidamente	rapidly	
relaxar	to relax	
rouba	steals	
roupa de marca (f.)	branded wear	

sair	to go out, to exit
seguido (m.)	followed by
sempre	always
situações (f. pl.)	situations
sofrer de insónia	suffer from insomnia
também	also, too
tanta	so much
tecnologia avançada (f.)	advanced technology
tendência (f.)	tendency
texto (m.)	text
título profissional (m.)	professional title
todos os anos	every year
todos os dias	every day
tradicionalmente	traditionally
tratados (m. pl.)	treaties
tudo	everything
usar	to use

UNIT 5
Present tense of irregular verbs

Many verbs in Portuguese are irregular. This means these verbs do not follow the conjugation pattern discussed in Unit 4, and so you will have to learn them. This unit provides a list of the most commonly used irregular verbs, as well as some of the conjugations, and examples of how they are used.

As in Unit 4, the subject pronouns are given in brackets as a reminder that their use is optional:

	dar	*fazer*	*saber*	*ter*	*ir*
(eu)	dou	faço	sei	tenho	vou
(tu)	dás	fazes	sabes	tens	vais
(você) (o senhor) (a senhora) (ele) (ela)	dá	faz	sabe	tem	vai
(nós)	damos	fazemos	sabemos	temos	vamos
(vocês) (os senhores) (as senhoras) (eles) (elas)	dão	fazem	sabem	têm	vão

There are some irregular verbs whose use in Portuguese is worth noting, owing to their specific meaning or their use as auxiliaries to other verbs.

Auxiliary verbs take the conjugation in the required tense (present, past, future) and are followed by the main verb, which will appear in its infinitive form or in the past participle, depending on its application.

Saber and *conhecer*

Both verbs can translate into English as 'to know', but they are used differently.

Saber is used when you know how to do something, when you know facts or information or you have knowledge about something.

35

Examples: **O Pedrinho sabe contar até dez.**
Little Pedro can count to ten.

A Gisela sabe tocar viola e falar francês.
Gisela can play the guitar and speak French.
(Gisela knows how to play the guitar and how to speak French.)

(Tu) sabes que horas são?
Do you know what time it is?

O professor sabe muito de história.
The (male) teacher knows a lot about history.

(Eu) não conheço a Hillary Clinton, mas sei quem ela é.
I don't know Hillary Clinton (I've never met her), but I know who she is.

Saber also means 'to taste' and it is used when referring to how something tastes, as illustrated below.

Examples: **O café *sabe* bem depois do almoço.**
Coffee tastes nice after lunch.

Este leite *sabe* mal. Tem um sabor azedo.
This milk tastes bad. It's got a sour taste.

Conhecer has an irregular present tense conjugation. It is used when you know/ are acquainted with people, places or products:

Examples: **(Eu) conheço a Ana.**
I know Ana.

Nós conhecemos Lisboa como a palma da mão.
We know Lisbon like the back of our hand.

(Tu) conheces este creme? É muito bom.
Do you know this cream? It is very good.

Ela conhece as obras de Eça de Queirós muito bem.
She's very familiar with Eça de Queirós's works.

Ir + verb

The verb **ir** is used as auxiliary to other verbs.

The verb **ir** plus the infinitive of the main verb is used to describe actions that are going to happen. In this case, the auxiliary verb **ir** is conjugated in the present tense and it is followed by the main verb in the infinitive.

Examples: **(Eu)** *vou telefonar* **à Ana.**
I am going to telephone Ana.

A Josefina *vai dar* **aulas na Universidade do Minho.**
Josefina is going to teach at the University of Minho.
(literally: Josefina is going to give lessons . . .)

(Nós) *vamos mudar de casa.*
We are going to move house.

Ter de and ter que

Ter de and **ter que** are used to express obligation, with the former expressing an action you cannot fail to do. The verb **ter** is conjugated in the appropriate tense, present in this case, and it is followed by the main verb in the infinitive.

Examples: **(Eu) tenho que comprar um carro.**
I have to buy a car.

(Tu) tens de comprar o bilhete para a viagem.
You have to buy your ticket for the journey (otherwise you will not be able to travel).

Asking questions

You can easily formulate questions in Portuguese by simply using the main verb – both to ask the question and to answer it, as illustrated below.

Examples: **(Tu) gostas de viajar?**
Do you like to travel?

(Eu) gosto, sim.
Yes, I do.

Por favor, (você) tem troco de 100 euros?
Excuse me, do you have change for 100 euros?

(Eu) tenho, sim.
Yes, I do.

In affirmative answers, **sim** can appear either at the beginning or at the end of the sentence: **Sim, tenho** or **Tenho, sim**, though the latter tends to be preferred as it comes across as being more polite. In informal use, people often repeat the verb, instead of using **sim**.

Example: **Tenho, tenho.**
Yes, I do.

Below is a list of the most commonly used irregular verbs.

dar	to give	**pedir**	to request
dizer	to say	**saber**	to know something/how to ...
estar	to be	**ser**	to be
fazer	to do; to make	**ter**	to have
ir	to go	**trazer**	to bring; to wear
medir	to measure	**ver**	to see; to watch
ouvir	to hear	**vir**	to come

Conjugations

dizer	digo, dizes, diz, dizemos, dizem
medir	meço, medes, mede, medimos, medem
ouvir	ouço, ouves, ouve, ouvimos, ouvem
trazer	trago, trazes, traz, trazemos, trazem
ver	vejo, vês, vê, vemos, vêem
vir	venho, vens, vem, vimos, vêm

For detailed information on key verbs **ser** and **estar**, please refer to Unit 8.

Exercise 1

Complete the following sentences by conjugating the verb in brackets.

1 A avó da Ana _____ (dar) bons conselhos.
2 "A que horas (tu) _____ (vir) para casa, filho?"
3 A Maria e o João gostam de animais e _____ (ter) três cães e dois gatos.
4 Eu _____ (ver) televisão todos os dias.
5 Tu _____ (fazer) férias em agosto?
6 Eles _____ (ir) ao cinema ao sábado à tarde.
7 Ela _____ (dizer) que gosta de gatos, mas eu não acredito.
8 "Joana, você _____ (conhecer) a Patrícia?"
9 Nós _____ (ouvir) o noticiário na rádio a caminho do trabalho.
10 "Vocês _____ (saber) a que horas chega a Catarina?"
11 "Olá Clara! Tu hoje _____ (trazer) um vestido muito elegante!"
12 O filho da Ana já _____ (saber) andar e falar.

Exercise 2

Rewrite the following sentences using the pronoun in brackets.

1 A Ana conhece muitos ingleses. (Eu)
2 A Joana sabe muito de história. (Nós)
3 O Pedro e a Cristina vão viver para Londres. (Tu)
4 Eu só vejo filmes românticos. (Ela)
5 Quando a Fiona viaja, (ela) traz presentes para todos. (Vocês)
6 A Joana tem muitos livros de literatura portuguesa. (Eu)
7 Você faz os exercícios de gramática muito depressa. (Eles)
8 Elas dizem bem dos portugueses. (Nós)
9 Nós damos muito dinheiro para instituições de caridade. (Tu)
10 Tu ouves música clássica todos os dias. (Vocês)

Exercise 3

Complete the following narrative by conjugating the verbs in brackets correctly.

Portugal _____ (1) (ter) um clima bom e no verão _____ (2) (fazer) muito calor. Os portugueses que moram junto ao mar _____ (3) (ir) para a praia ao fim-de-semana e durante as férias. O calor também _____ (4) (trazer) muitos turistas de outros países, como o Reino Unido e a Alemanha, por exemplo. A culinária portuguesa _____ (5) (fazer) "crescer água na boca" e os turistas adoram a variedade de pratos que (eles) _____ (6) (ver) nos restaurantes típicos. Os portugueses _____ (7) (dar) muito valor à cozinha tradicional e _____ (8) (saber) apresentar pratos tradicionais que os turistas apreciam. As pessoas que _____ (9) (conhecer) Portugal _____ (10) (dizer) que os portugueses são muito hospitaleiros.

Exercise 4

Answer the following questions, using the model provided below.

Example: — (Tu) trazes um vestido vermelho?
            — **(Eu) trago, sim.**

1 — (Tu) sabes a que horas chega o comboio?
   — (Eu) _____, sim.
2 — (Você) vai para Lisboa no fim-de-semana?
   — (Eu) _____, sim.

3 — (Tu) dizes sempre a verdade?
— (Eu) _____, sim.
4 — (Tu) dás um recado à tua mãe?
— (Eu) _____, sim.
5 — (Tu) conheces a minha irmã?
— (Eu) _____, sim.
6 — (Vocês) fazem ginástica?
— (Nós) _____, sim.
7 — (Tu) vês televisão todas as noites?
— (Eu) _____, sim.
8 — (Tu) tens dinheiro trocado?
— (Eu) _____, sim.

Exercise 5

Complete the following sentences with **saber** or **conhecer** in the correct conjugation.

1 A avó _____ muitas pessoas.
2 (Tu) _____ o Filipe?
3 Café com leite _____ bem ao pequeno-almoço.
4 (Você) _____ que horas são?
5 (Eles) _____ tocar piano.
6 (Eu) _____ muitas personalidades famosas.
7 Ela _____ o código do alarme.
8 Um sábio _____ tudo.
9 (Nós) _____ muitos portugueses em Inglaterra
10 (Vocês) _____ os romances de José Saramago.
11 O café forte _____ muito bem.
12 Tu _____ falar inglês.

Exercise 6

Complete the following text by conjugating the verbs in brackets correctly.

Portugal _____ (1) (ver) milhares de turistas anualmente, especialmente durante os meses de verão. Os visitantes que _____ (2) (fazer) turismo em Portugal _____ (3) (ter) como objetivo principal gozar o calor e frequentar as praias, e por isso a maioria _____ (4) (ir) para as praias algarvias. Porém, muitos turistas _____ (5) (dizer) que apreciam outras partes do país, nome-adamente Lisboa, Fátima, o Porto e o interior. Lisboa _____ (6) (atrair) muitos turistas por ser a capital, pela sua arquitetura e pelos seus monumentos de interesse cultural. Fátima atrai turistas religiosos que _____ (7) (ir) ao local das aparições de 13 de maio de 1937, data em que três crianças viram a Nossa Senhora do Rosário. O famoso vinho do Porto _____ (8) (trazer) muitos turistas à região do Douro e à cidade que lhe dá o nome. Comparada com a capital, a cidade do Porto _____ (9) (ter) uma oferta muito diferente para os turistas, não só pelas caves do famoso vinho mas também pela sua arquitetura e geografia. As regiões do interior _____ (10) (ver) os turistas que gostam de montanhas e de zonas rurais.

Key vocabulary for Unit 5

a caminho de	on the way to
a maioria (f.)	the majority
acreditar	to believe
alarme (m.)	alarm
Alemanha (f.)	Germany
algarvias (f. pl.)	Algarvian
animais (m. pl.)	animals
antigas (f. pl.)	antique
anualmente	annually
aparições (f. pl.)	sightings
apreciam	appreciate
atrai	attracts
beleza natural (f.)	natural beauty
bem como	as well as
bons (m. pl.)	good
café com leite	white coffee
clima (m.)	climate
código (m.)	code
como a palma da mão	as the back of my hand
conselhos (m. pl.)	advice
cozinha (f.)	cuisine, kitchen
culinária (f.)	cuisine
depressa	fast
devido a	owing to
dinheiro (m.)	money
dinheiro trocado	change
dizer bem de	to say good things
estranho (m.)	strange
exercícios (m. pl.)	exercises
famoso (m.)	famous
fazer crescer água na boca	to make your mouth water
fazer férias	to have holidays

fazer ginástica	to exercise
filme (m.)	film
forte	strong
história (f.)	history, story
hospitaleiros (m. pl.)	welcoming
instituições de caridade (f. pl.)	charities
interesse cultural (m.)	cultural interest
interior (m.)	interior
junto ao mar	by the sea
literatura (f.)	literature
mais visitadas (f. pl.)	most visited
metros (m. pl.)	metres
milhares	thousands
minha (f.)	mine (f.)
montanhas (f. pl.)	mountains
monumentos (m. pl.)	monuments
muito bem	very well
muitos (m. pl.)	many
música clássica (f.)	classical music
noticiário (m.)	the news
outras partes (f. pl.)	other parts
ouvir	to listen to, to hear
país (m.)	country
pequeno-almoço (m.)	breakfast
personalidades famosas (f. pl.)	famous personalities
pessoas (f. pl.)	people
por causa do	because of
pratos (m. pl.)	dishes
presentes (m. pl.)	presents, gifts
rádio (f.)	radio
recado (m.)	message
Reino Unido (m.)	United Kingdom
religiosos (m. pl.)	religious
restaurantes típicos (m. pl.)	typical restaurants
resto (m.)	the rest
romances (m. pl.)	novels
romântico (m.)	romantic
sábio (m.)	wise man, wizard
sabor (m.)	taste
televisão (f.)	television
tocar piano	to play the piano
todas as noites	every evening, every night
todos	all
tradicional (m./f.)	traditional

turistas (m. pl.)	tourists
valor (m.)	worth
variedade (f.)	variety
verde (m./f.)	green
vermelho (m.)	red
vestido (m.)	dress
viajar	to travel, to journey
vinho do Porto (m.)	Port wine
zonas rurais (f. pl.)	rural areas

UNIT 6
Interrogatives

In Portuguese you can formulate a question by simply using the main verb, as shown in the previous unit. But you can also use interrogative pronouns and adverbs to ask questions.

These are:

que?, o que?	what?, which?
qual?, quais?	what?, which one/ones?
	(relates to something specific)
quem?	who?
quando?	when?
quanto?, quanta?	how much?
quantos?/quantas?	how many?
como?	how?
onde?	where?
porque?, porquê?	why?

Their use is illustrated below.

Examples: **Que horas são?**
What time is it?

Que carro queres comprar?
Which car do you want to buy?

O que fazes aqui?
What are you doing here?

Qual é o carro que queres comprar?
Which one is the car you wish to buy?

Qual é a tua comida preferida?
What is your favourite food?

Qual destas canetas te pertence?
Which one of these pens belongs to you?

Quais são os teus livros?
Which (ones) are your books?

Quem **atende o telefone?**
Who answers the telephone?

Quando **(é que tu) vais a Londres?**
When are you going to London?

Quanto **tempo demora a viagem?**
How long does the journey take?

Quanta **farinha leva o bolo?**
How much flour does the cake take?

Quantos **filhos tem o António?**
How many children does António have?

Como **se chama?**
What is your name?

Onde **está o José?**
Where is José?

Porque **é que fazem tantas perguntas?**
Why do you ask so many questions?

(Tu) estás triste, *porquê*?
You are sad, why?

For emphasis, people often add **é que** to the interrogative.

Examples: **Que horas** *é que* **são?**
Quanto tempo *é que* **demora a viagem?**
Como *é que* **se chama?**

The interrogatives **que**, **onde** and **quem** can often appear after prepositions used with specific verbs and/or specific situations. The preposition precedes the interrogative, as shown below.

Que

preposition + **que**

a que   *A que* **horas (é que tu) começas a trabalhar?**
What time do you start work?

de que   *De que* **falas?**
Of what are you talking?

De que **trata o livro?**
What is the book about?

Que

em que	***Em que* cidade vives?** In which town do you live? ***Em que* empresa trabalhas?** In which company do you work? ***Em que* dias tens folga?** Which days are you off? ***Em que* mês fazes anos?** In which month is your birthday?
por que	***Por que* motivo/razão vais agora?** For what motive/reason are you going now? ***Por que* caminho vais?** Which route are you taking?

Onde

preposition + **onde**

aonde (*a + onde*)	***Aonde* (*é que* tu) vais?** Where are you going?
donde (*de + onde*)	***Donde* vem o João?** Where does João come from? ***Donde* és?** Where do you come from?
para onde	***Para onde* vais viver?** Where are you going to live?
por onde	***Por onde* vamos?** Which route are we taking?

Quem

preposition + **quem**

a quem	***A quem* (*é que* tu) dizes isso?** To whom do you tell that?
com quem	***Com quem* estás a falar?** With whom are you talking?
de quem	***De quem* estás a falar?** Of whom are you talking?
para quem	***Para quem* trabalha a Isabel?** For whom does Isabel work?
por quem	***Por quem* chamas?** For whom are you calling?

Exercise 1

Complete the following questions with the appropriate interrogative.

1 _____ se chama?
2 Com _____ vais ao cinema amanhã?
3 _____ horas são?
4 A _____ horas vais trabalhar?
5 _____ vais de férias, é amanhã?
6 Com _____ trabalham o Pedro e o João?
7 De _____ cidade vens?
8 De _____ falas? É do João?
9 Para _____ vais viver?
10 De _____ trata o novo filme de Spielberg?
11 A _____ envias tantas cartas?
12 — _____ vais para o trabalho?
— Vou de autocarro.

Exercise 2

Give full answers to the following questions using the additional elements in brackets. Use the example provided as a guide.

Example: Com quem (é que tu) moras? (o Joaquim)
    (Eu) moro com o Joaquim.

1 Onde está a Idalina neste momento? (Na escola)
2 Aonde (é que vocês) vão no fim-de-semana? (Viana do Castelo)
3 A que horas (é que você) apanha o autocarro? (Às 17h30)
4 Com quem (é que tu) vais ao cinema? (A Patrícia)
5 Quando (é que tu) vais visitar a mãe? (Amanhã de tarde)
6 O que (é que vocês) fazem ao domingo? (Passear no parque)
7 Quanto (é que) custa o bilhete de comboio? (Dez euros)
8 Quantos dias (é que tu) trabalhas por semana? (Cinco dias)

Exercise 3

Write full questions for the following answers.

1 Eu chamo-me Joana. (você)
2 O Paulo é de Lisboa.
3 (Nós) enviamos cartas todas as semanas. (vocês)
4 (Nós) falamos dos portugueses. (as senhoras)

5 O livro trata de muitos assuntos diferentes.
6 (Eu) vou de férias no mês de agosto. (tu)
7 O comboio chega às oito (horas) e trinta.
8 No próximo mês, a Ana casa com o Pedro.
9 (Eu) viajo para Portugal. (você)
10 (Eu) faço o jantar. (a senhora)

Exercise 4

Build questions by placing the elements provided in the correct order.

1 os amigos / vivem / onde / da Catarina?
2 comboio / a que horas / chega / o próximo / para o Porto?
3 trabalham / na sua / quantas / pessoas / fábrica?
4 nas / vão / para onde / férias do verão?
5 passa / a Luísa / com quem é que / os fins-de-semana?
6 em que / fazes / mês / é que tu / anos?
7 as crianças / de quem é que / gostam?
8 o João / de quem é que / o Pedro e / falam?
9 está / a Clara / em que dias é que / de folga?
10 vocês / se / como / é que / chamam?

Exercise 5

Create questions for the underlined section of each sentence below. Use the
example provided as a guide.

Example: Tradicionalmente, os portugueses fazem férias <u>durante os meses
de verão</u>.
Quando é que os portugueses fazem férias, tradicionalmente?

1 A maioria dos portugueses faz férias <u>nos meses de julho e agosto</u>.
2 Portugal tem <u>800 km</u> de costa.
3 Muitos portugueses passam as férias <u>na praia</u>.
4 Os portugueses fazem férias no verão, <u>porque é um período de muito calor</u>.
5 <u>Os portugueses mais afluentes</u> fazem férias no Algarve e na costa alentejana.
6 <u>As praias do Algarve</u> são as praias mais quentes do país.
7 <u>No Norte do país,</u> as praias são populares mas a temperatura do mar é mais
baixa.
8 A época balnear <u>é o período em que os portugueses frequentam a praia</u>.

Key vocabulary for Unit 6

a maioria	most
agreste	rough
amanhã de tarde	tomorrow afternoon
assuntos diferentes (m. pl.)	different subjects
bastante frequentadas	very sought after
bilhete (m.)	ticket
calmo (m.)	calm
cartas (f. pl.)	letters
casar	to marry
contudo	however
costa alentejana (f.)	the Alentejo coast
costume (m.)	habit
custar	to cost
em breve	soon
encerrar	to close
folga (f.)	day off
frequenta	attends
gozar férias	to have holidays
melhores (m./f. pl.)	better
neste momento (m.)	at the moment
novo (m.)	new, young
passear no parque	to walk in the park
período (m.)	period
populares (m./f. pl.)	popular
por onde escolher	where to chose from
por semana	per week
próximo mês (m.)	next month
tantas	so many
temperaturas (f. pl.)	temperatures
tipicamente	typically
todas as semanas (f. pl.)	every week
todo o país (m.)	the whole country
uma vez que	since
zona costeira (f.)	coastal area

UNIT 7
Negatives

Producing negative statements in Portuguese is quite straightforward. You can use **não, nunca, ninguém, nada, nenhum/nenhuma** or **nenhuns/nenhumas**.

1 You can turn an affirmative statement into a negative one by placing **não** or **nunca** before the verb, as illustrated below.

   Examples: **(Nós) temos muitos amigos.**
   We've got many friends.

   (Nós) *não* temos muitos amigos.
   We haven't got many friends.

   (Eu) sei falar inglês.
   I can speak English.

   (Eu) *não* sei falar inglês.
   I can't speak English.

   and

   (Eu) *nunca* sei que horas são.
   I never know what time it is.

   O chefe do João *nunca* chega tarde ao escritório.
   João's boss never arrives late at the office.

2 To form other negative statements, you can use **ninguém**, which translates as 'no one', 'anyone'. As the subject, you can use it on its own, but elsewhere in the sentence, you will need to supplement it with **não** or **nunca**.

   Examples: ***Ninguém* sabe onde a Paula está.**
   No one knows where Paula is.

   ***Ninguém* está em casa.**
   No one is at home.

but

Não está *ninguém* em casa.
There isn't anyone at home.

(Nós) *não* conhecemos *ninguém* nesta festa.
We don't know anyone at this party.

(Eu) *nunca* dou dinheiro a *ninguém*.
I never give money to anyone.

3 Similarly, you can use **nada**, which translates as 'nothing', 'anything', to refer to things/topics. You can supplement it with **não** or **nunca** when not using it as the subject in a sentence.

Examples: *Nada* acontece nesta aldeia remota.
Nothing happens in this remote village.

but

(Tu) *não* sabes *nada*.
You don't know anything.

Ela *nunca* dá *nada* a ninguém.
She never gives anything to anyone.

4 **Nenhum/nenhuma**, **nenhuns/nenhumas**, which translate as 'any', 'none', you will have to use together with a noun, with which they need to agree in gender and number. You can place them before or after the noun.

Examples: *Nenhum* aluno gosta do professor de matemática.
Aluno *nenhum* gosta do professor de matemática.
No student likes the maths teacher.

A Ana *nunca* compra açúcar *nenhum*.
A Ana *nunca* compra *nenhum* açúcar.
Ana never buys any sugar.

A Carla *não* fala *nenhuma* língua estrangeira.
A Carla *não* fala língua estrangeira *nenhuma*.
Carla doesn't speak any foreign language.

Ao domingo o Pedro *não* atende telefonemas *nenhuns*.
Ao domingo o Pedro *não* atende *nenhuns* telefonemas.
Pedro doesn't answer any telephone calls on Sunday.

Ela *não* tem *nenhumas* amigas na universidade.
Ela *não* tem amigas *nenhumas* na universidade.
She doesn't have any female friends at university.

Asking questions

When asking questions using the negative, similar rules apply.

Examples: **(Tu) *não* tens medo de ficar em casa sozinha?**
Aren't you afraid of staying home alone?

Ninguém sabe que horas são?
No one knows what time it is?

When providing negative answers, **não** can appear at the beginning or at the end, in addition to the **não** which precedes the verb. This is illustrated below, by providing answers to the questions given above.

Examples: **Não, (eu) não tenho (medo).**
No, I'm not (afraid).

or

(Eu) não tenho (medo), não.
I'm not (afraid), no.

Não, ninguém (sabe).
No, no one does.

or

Ninguém sabe, não.

Providing negative answers to affirmative questions:

Examples: **(Tu) sabes se a Sandra está doente?**
Do you know if Sandra is ill?

Não, não sei.
No, I don't.

(Você) quer beber alguma coisa?
Do you want anything to drink?

Não! Não quero (beber) nada.
No, I don't want anything (to drink).

Note: for stress you can use **nem** ('not', 'nor') or **nem sequer** ('not even').

Examples: ***Nem* eu *nem* a Ana gostamos de festas grandes.**
Neither I nor Ana like big parties.

O João gosta de qualquer filme, mas *nem sequer* ele gosta deste.
João likes any film, but not even he likes this one.

Eu não tenho dinheiro, *nem sequer* para um café.
I don't have any money, not even for a coffee.

Exercise 1

Rewrite the sentences below in the negative, using the elements in brackets. Use the examples provided as a guide.

Examples: O Pedro trabalha na cidade. (não)
            O Pedro *não* trabalha na cidade.

            Toda a gente gosta de chocolate. (ninguém)
            ***Ninguém* gosta de chocolate.**

            Eu vejo tudo. (nada)
            Eu *não* vejo *nada*.

1 O Sr António viaja para Lisboa todas as semanas. (não)
2 A Ana e a Isabel vão ao Porto. (nunca)
3 Toda a gente trabalha hoje. (ninguém)
4 A sala está cheia de gente. (não)
5 Ela chega atrasada ao trabalho. (nunca)
6 Ele faz tudo. (nada)
7 Ela mora com o João. (ninguém)
8 Nós fazemos ginástica ao sábado. (nunca)
9 Tu sabes tudo. (nada)
10 Vocês estudam na universidade. (não)
11 Todos entram à mesma hora. (ninguém)
12 As crianças choram muito. (não)

Exercise 2

Complete the sentences below with the correct negative form.

nenhum   nenhuns   nenhuma   nenhumas

1 Tu não tens problemas _____.
2 Nós não vemos prédio _____.
3 _____ amigo da Catarina mora em Inglaterra.
4 Não há _____ árvore no jardim do Pedro.

5 Ele não tem amigos _____ em Portugal.
6 A avó da Joana não põe acuçar _____ no café.
7 Tenho muitas canetas, mas _____ escreve.
8 A filha da Ana não tem _____ amigas simpáticas.
9 O Pedro não sabe conjugar verbos _____.
10 Ninguém sabe _____ conto infantil.
11 A Ana não vai fazer mais _____ festa em casa.
12 Não trabalham mulheres _____ na fábrica do João.

Exercise 3

Complete the sentences started in the left column with the parts in the right column.

1 O professor não	a anda sem gasolina.
2 Ninguém sabe	b dinheiro nenhum. É gratuito.
3 Eu não	c falas com ninguém no autocarro.
4 Nós nunca fazemos	d tem nenhum aluno inglês.
5 Um automóvel não	e cinema sem bilhete.
6 Eles não trabalham	f barulho nenhum à noite.
7 Tu nunca	g conheço ninguém aqui.
8 Eu não tenho dinheiro	h para pagar nada.
9 O livro não custa	i nenhum dia esta semana.
10 Ninguém entra no	j falar chinês.

Exercise 4

Complete the following sentences by filling in the gaps with the negatives below. (Some are used more than once.)

nada   nunca   não   ninguém   nem sequer   nem

1 _____ vê a Joana há três meses.
2 (Nós) não sabemos _____ sobre a Joana.
3 O Pedro _____ gosta de nadar na piscina. (Ele) prefere nadar no mar.
4 A Paula não gosta do cunhado e _____ fala com ele.
5 O chefe do Pedro _____ é muito simpático.
6 _____ acontece como se deseja!
7 _____ tu _____ a Maria falam alemão.
8 A Filipa nunca dá nada a ninguém, _____ um café.
9 Você não sabe falar português _____ espanhol.
10 Nós nunca comemos bolo, _____ em dias de festa.

Exercise 5

Translate the following sentences into Portuguese.

1 Cousin Joana doesn't like to talk to foreigners.
2 Pedro's godfather never talks about work.
3 There is no coffee.
4 No one knows anything.
5 I don't know where anything is.
6 There isn't anyone at home.
7 No one answers the telephone.
8 Aren't you (**o senhor**) Portuguese?
9 They (masc.) don't want to drink anything.
10 I don't know anyone.
11 I don't have any friends at all.
12 You (**vocês**) never do anything.

Exercise 6

Complete the following text by filling in the gaps with the appropriate negatives.

Saudade é um termo que representa um sentimento muito português e _____
(1) outra língua tem um termo equivalente. Por isso, a palavra *saudade* e
a noção de *saudade* _____ (2) são fáceis de explicar _____ (3) de
traduzir para outras línguas. _____ (4) tem mais orgulho nisso do que os
portugueses.

_____ (5) na cultura portuguesa expressa melhor a noção de *saudade*
do que o Fado, uma canção nostálgica muito apreciada pelo povo português.

O conceito de *saudade* envolve nostalgia e tristeza por algo ou alguém que se
perde ou que _____ (6) está perto. Ao longo dos séculos, muitos portugueses
emigraram para outras partes do mundo, sozinhos e sem _____ (7) familiares.
A *saudade* _____ (8) desaparece do coração dos portugueses e está presente
em muitos exemplos de literatura, poesia e lírica de expressão portuguesa.

Key vocabulary for Unit 7

à mesma hora	at the same time
algo	something
alguém	someone
ambos (m. pl.)	both
ao longo de	throughout
apreciada (f.)	appreciated

associada (f.)	associated with, linked to
atrasada (f.)	late
canção (f.)	song
cheia (f.)	full
chinês (m.)	Chinese
conceito (m.)	concept, notion
conjugar verbos	to conjugate verbs
conto infantil (m.)	children's story
cultura (f.)	culture
desaparece	disappears
do que	than
fáceis (m./f. pl.)	easy
gasolina (f.)	petrol
gente (f.)	people, us
gratuito	free of charge
intrinsecamente	intrinsically
ligado (m.)	connected to
lírica (f.)	lyrics
longe (m./f.)	far
noção (f.)	notion
nostalgia (f.)	nostalgia
nostálgica (f.)	nostalgic
orgulho (m.)	pride
palavra (f.)	word
para trás	behind
pelo facto de que	for the fact that
perde	loses
piscina (f.)	swimming pool
poesia (f.)	poetry
povos (m. pl.)	peoples
saudade (f.)	longing, to miss someone/something
sem	without
sentimento (m.)	feeling
ter fome	to be hungry
termo (m.)	term
toda a gente (f.)	everyone
tom (m.)	tone
traduzir	translate
tristeza (f.)	sadness

UNIT 8

Ser and estar

Using *ser* and *estar*

The Portuguese verbs **ser** and **estar** both translate into English as 'to be' although they have subtly different meanings and are not freely interchangeable.

In broad terms, **ser** indicates permanence and inherent characteristics or conditions that are unlikely to change, such as permanent location, nationality, profession, features, demeanour, etc., while **estar** refers to a state or condition that is changeable or likely to change – feelings, moods, change of location, emotions, weather conditions, etc.

Conjugation

ser	*estar*
sou	estou
és	estás
é	está
somos	estamos
são	estão

Here are some examples to illustrate the different meanings of **ser** and **estar**:

Ser

Ser is used in the following situations:

1 to express the inherent characteristics of a person or object:

Examples: **O Mário é inteligente.**   **Este carro é moderno.**
Mário is intelligent.   This car is modern.

Ela é inglesa.   **O Pedro é uma pessoa simpática.**
She is English.   Pedro is a nice person.

2 for permanent geographical locations:

Examples: **Faro é no Algarve.**
Faro is in the Algarve.

O banco é na Rua Augusta.
The bank is on Rua Augusta.

A farmácia é ao lado do banco.
The chemist's is next to the bank.

Note: the verb **ficar** often replaces **ser** when expressing permanent geographical location:

Examples: **Faro fica no Algarve.**
Faro is in the Algarve.

O banco fica na Rua Augusta.
The bank is on Rua Augusta.

A farmácia fica ao lado do banco.
The chemist's is next to the bank.

3 with time, days of the week and dates:

Examples: **São quatro horas da tarde.**
It's four o'clock in the afternoon.

Ainda é cedo.
It's still early.

Hoje é quarta-feira.
Today is Wednesday.

Quantos são hoje?
What's the date today?

Estar

Estar is used in the following situations:

1 to express temporary states:

Examples: **Estou cansada.**
I'm tired.

A Sandra está doente.
Sandra is ill.

Examples: **A janela está partida.**
The window is broken.

O computador está avariado.
The computer is out of order.

O pão está ressesso.
The bread is stale.

3 for positions or change of location:

Examples: **O prato está na mesa.**
The plate is on the table.

A nossa sede já está no Porto.
Our headquarters are now in Oporto.

4 to describe the weather:

Examples: **Hoje está um dia de sol.**
Today is a sunny day.

Está muito frio esta noite.
It is very cold this evening.

O tempo está mau hoje!
The weather is bad today!

5 to express emotions:

Examples: **Os estudantes estão contentes.**
The students are happy.

A professora está preocupada.
The teacher is worried.

Using *ser* and *estar* with adjectives

If the adjective describes an inherent characteristic, then **ser** is used:

Examples: **O céu é azul.**
The sky is blue.

A neve é branca.
Snow is white.

If the adjective describes a temporary state or the speaker wishes to stress a characteristic, then **estar** is used.

Examples: **O céu está muito azul.**
The sky is really blue (it's especially blue at this moment).

A Ana está muito alta.
Ana is very tall (for her age and she is still growing).

O café está frio.
The coffee is cold (it was warm but has cooled down).

Ele está velho.
He has aged (since I saw him last).

Tu estás muito simpático hoje!
You're very nice today! (and you're not always like that).

Some adjectives change meaning, depending on whether they are used with **ser** or **estar**. Some examples are listed below.

ser aborrecido	to be tedious
estar aborrecido	to be bored
ser consciente	to be responsible, conscientious
estar consciente	to be conscious
ser inconsciente	to be irresponsible
estar inconsciente	to be unconscious
ser atrasado	to be old-fashioned
estar atrasado	to be late
ser convencido	to be conceited
estar convencido	to be confident, convinced

Present continuous tense: *estar a* + infinitive

Portuguese uses the present continuous tense to express something that is happening at this very moment, in a similar way to the English present continuous. The tense is formed by **estar a** + infinitive, where **estar** is conjugated.

Examples: ***Está a chover.***
It's raining.

A Joana *está a ler* o jornal.
Joana is reading the paper.

(Nós) *estamos a preparar* o jantar.
We are making dinner.

(Eu) *estou a estudar* na universidade.
I am studying at university.

Exercise 1

Complete the following sentences with the appropriate form of **ser**.

1 Eles _____ estudantes portugueses.
2 Vocês _____ estudantes de letras?
3 Lisboa _____ a capital de Portugal.
4 E tu? De onde _____?
5 Ela também _____ de Coimbra?
6 Eu _____ estudante de arquitetura, e tu?
7 Elas _____ inglesas e vocês os dois?
8 Nós _____ os dois galeses.
9 E tu? _____ da Escócia ou do País de Gales?
10 Você _____ de Inglaterra?

Exercise 2

Complete the following sentences with the appropriate form of **estar**.

1 Elas _____ na praia.
2 Nós _____ no escritório o dia todo.
3 Vocês _____ de férias?
4 Tu _____ na aula de português.
5 O professor _____ a falar.
6 Ela _____ no supermercado.
7 Eles _____ sempre em casa.
8 Vocês _____ ao telefone?
9 Eu _____ no comboio a caminho de casa.
10 Tu e o Pedro _____ no parque.

Exercise 3

Complete the following sentences with the appropriate form of **ser** or **estar**.

1 O comboio vai chegar tarde porque _____ atrasado.
2 A Joana e a Paula _____ muito inconscientes. Gastam o dinheiro todo!
3 O Pedro _____ um atrasado! Pensa que o lugar da mulher é em casa!

4 O João _____ inconsciente há dois dias.
5 (Tu) _____ aborrecido! Fazes muitas perguntas.
6 (Nós) _____ convencidos de que este é o caminho certo.
7 Você _____ um trabalhador muito consciente!
8 (Tu) _____ um convencido! Pensas que sabes tudo!
9 Ela já _____ consciente, mas continua no hospital sob observação.
10 Vocês _____ aborrecidos, porque não têm nada interessante para fazer.

Exercise 4

Complete the following sentences with the appropriate form of **ser** or **estar** or **ficar**.

1 (Vocês) _____ muito cansados?
2 A Joana _____ uma pessoa simpática.
3 Londres _____ uma cidade magnífica.
4 Londres _____ no sul de Inglaterra.
5 É julho mas não _____ calor.
6 (Nós) _____ estudantes universitários.
7 (Eu) não quero comer a sopa. Já _____ fria.
8 O chão _____ molhado, tem cuidado!
9 Tu e o Francisco _____ do Brasil.
10 Ela _____ alta e elegante.
11 (Tu) _____ galesa ou escocesa?
12 A Ana corre no parque e depois _____ muito cansada.
13 "Filho, tens de comer! O Jantar está a _____ frio."
14 Tu falas muito alto e por isso _____ com dores de cabeça.

Exercise 5

Complete the following sentences with the appropriate form of **ser** or **estar** or **ficar**.

1 Hoje _____ muito calor!
2 Janeiro _____ um mês frio.
3 As crianças detestam o Pedro, porque ele _____ muito mau.
4 A Patrícia _____ muito triste, quando o João não telefona.
5 Quantos _____ hoje? Vinte e dois ou vinte e três de outubro?
6 Joana, que horas _____?
7 O Porto _____ no norte de Portugal.
8 Que dia _____ hoje?
9 O chá _____ muito quente.

10 Então meninas, (vocês) já _____ mais calmas?
11 Onde _____ a farmácia?
12 Aquele colega _____ doente muitas vezes.
13 Quando ela está doente _____ sempre muito magra.
14 O João _____ zangado facilmente.

Exercise 6

Complete the following dialogues with **ser** or **estar**.

Ana   Olá Isabel! Como _____ (1)?
Isabel Muito bem, obrigada. E tu?
Ana   Também, _____ (2) bem, obrigada. Quem _____ (3) aquele
        rapaz moreno que _____ (4) ali?
Isabel Ah! Chama-se João e _____ (5) primo da Filipa. _____
        (6) aqui de férias em casa dela.
Ana   Ele _____ (7) mesmo giro, não achas?!
Isabel Acho sim. E também _____ (8) muito simpático, mas _____
        (9) triste porque tem de voltar para casa na próxima semana.
Ana   Oh! . . . Que pena! Ele de onde _____ (10)?
Isabel De Lisboa. Olha, ele vem aí . . . eu apresento-te!
        Olá, João. _____ (11) bom?
João   Sim, ótimo! Obrigado. E tu?
Isabel Muito bem, obrigada. Esta _____ (12) a minha amiga Ana.
João   Olá, Ana! . . . Muito prazer!
Ana   Igualmente. A Isabel diz-me que _____ (13) de Lisboa. Estudas lá?
João   Não, trabalho lá! _____ (14) arquiteto.
Ana   Que coincidência! Também _____ (15) licenciada em arquitetura.
        Mas _____ (16) a fazer um mestrado aqui.
João   Muito interessante, e _____ (17) a gostar?
Ana   Muito. Os professores _____ (18) muito bons. E tu, _____
        (19) numa firma ou tens o teu próprio gabinete?
Mário   Trabalho numa firma. Mas o meu sonho _____ (20) criar a minha
        própria empresa, um dia.

Exercise 7

Complete the following text with the correct conjugation of **ser**, **estar** or **ficar**.

Portugal _____ (1) na costa mais ocidental da Europa e _____ (2) numa localização ideal para usufruir dos 800 km de costa de que dispõe. A sua grande tradição marítima _____ (3) certamente resultado dessa localização e _____ (4) presente em toda a história e cultura do país. As suas tradições piscatórias e as descobertas marítimas _____ (5) testemunho disso. Os Descobrimentos, iniciados no século XVI, _____ (6) o período auge da história portuguesa e _____ (7) ainda bem presentes na herança histórica do país.

  A geografia do território português _____ (8) bastante variada; _____ (9) cheia de zonas costeiras e inclui planaltos, colinas, montanhas e grandes planícies. Esta variedade geográfica _____ (10) um fator que contribui para a variedade climatérica. Os diferentes micro climas _____ (11) propícios à produção de vários tipos de culturas e vinhos. A zona costeira _____ (12) a mais fértil e onde o clima _____ (13) mais ameno. Na zona interior do país, o clima _____ (14) mais agreste, com verões tórridos e secos e invernos extremamente frios. A costa ocidental portuguesa _____ (15) banhada pelo Oceano Atlântico e por isso _____ (16) mais sujeita a ventos frios do que a costa sul do Algarve. Aqui os ventos _____ (17) quentes, pois _____ (18) provenientes do continente africano.

Key vocabulary for Unit 8

a caminho de casa	on the way home
ameno (m.)	mild
arquiteto (m.)	architect
auge (m.)	the limelight
bons velhos tempos (m. pl.)	good old times
caminho certo (m.)	right way
colinas (f. pl.)	hills
costeiras (f. pl.)	coastal
fértil (m./f.)	fertile
firma (f.)	firm
gabinete (m.)	office
localização (f.)	location
lugar (m.)	place
marítimas (f. pl.)	maritime
mestrado (m.)	Masters
micro clima (m.)	microclimate

molhado (m.)	wet
piscatórias (f. pl.)	fishing
planaltos (m. pl.)	plateaus
planícies (f. pl.)	planes
preferida	preferred, favourite
propícios a (m. pl.)	favourable to
proveniente de	from
que coincidência	what a coincidence
que pena	what a shame
rapaz (m.)	boy
secos (m. pl.)	dry
sede (f.)	headquarters
sob observação	under observation
sonho (m.)	dream
tão típica	so typical
testemunho (m.)	a testament to
tórridos (m. pl.)	extremely hot
variedade climatérica (f.)	climate variety
ventos (m. pl.)	winds
ventosa (f.)	windy
usufruir de	to benefit from

UNIT 9
Demonstratives

When used adjectivally, demonstratives replace definite and indefinite articles before a noun and agree in gender and number with the noun.

Examples: **Este cavalo é veloz.**
This horse is fast.

Esta casa é bonita.
This house is beautiful.

Esses lápis são teus.
Those pencils are yours.

Essas canetas são caras.
Those pens are expensive.

But demonstratives can also be used to refer to something which is not specified, taking the form of **isto**, **isso** and **aquilo**, translating as 'this', 'that' (near you, which you mentioned) and 'that' (over there). You can use these neuter forms to replace both the article and the noun.

Examples: **Isto é meu.**
This is mine.

Isso é teu.
That (near you) is yours.

Aquilo é dele.
That (over there) is his.

The demonstratives **este(s)**, **esta(s)** and **isto** mean 'this' and are used when referring to something near the speaker. They are often used together with the adverb **aqui**.

Examples: **Isto aqui é meu.**
This here is mine.

Este sobretudo que está aqui é meu.
This overcoat which is here (where I am) is mine.

The demonstratives **esse(s)**, **essa(s)** and **isso** mean 'that' and are used when referring to something near the listener. They are often used together with the adverb **aí**.

Examples: **Esse chá que estás a beber é muito bom.**
That tea you are drinking is very good.

Esses amigos de quem falas são muito simpáticos.
Those friends of whom you speak are very nice.

Para quem é essa carta que estás a escrever?
To whom is that letter you are writing?

Essas calças ficam-te bem.
Those trousers suit you.

O que é isso aí na tua mão?
What is that there in your hand?

Isso que dizes está errado.
That which you are saying is wrong.

The demonstratives **aquele(s)**, **aquela(s)** and **aquilo** mean 'that (over there)' and are used when referring to something far from both the speaker and the listener. They are often used together with the adverbs **ali** and **acolá**.

Examples: **Aquele jardim acolá é muito inglês.**
That garden over there is very English.

Aqueles prédios ali ao fundo da rua são muito modernos.
Those buildings over there at the end of the street are very modern.

A prima da Ana é aquela senhora de camisa azul.
Ana's cousin is that lady in the blue shirt.

Aquelas crianças ali a brincar são filhas do João.
Those children playing over there are João's (children).

O que é aquilo ali, perto daquela árvore?
What is that over there, near that tree?

Contracting with prepositions

Demonstratives contract with the prepositions **de**, **em** and **a**, as illustrated below.

Preposition *de*

de + este(s)/esta(s) and isto	=	deste(s)/desta(s) and disto
de + esse(s)/essa(s) and isso	=	desse(s)/dessa(s) and disso
de + aquele(s)/aquela(s) and aquilo	=	daquele(s)/daquela(s) and daquilo

Examples: (**Eu**) **gosto** *deste* **sumo.**
I like this juice.

Ele fala *disso* **muitas vezes.**
He talks about that very often.

Essa **tampa que (tu) tens é** *daquela* **caixa azul.**
That lid you have there belongs to that blue box.

Preposition *em*

em + este(s)/esta(s) and isto	=	neste(s)/nesta(s) and nisto
em + esse(s)/essa(s) and isso	=	nesse(s)/nessa(s) and nisso
em + aquele(s)/aquela(s) and aquilo	=	naquele(s)/naquela(s) and naquilo

Examples: **Ele trabalha** *nesta* **empresa há dez anos.**
He's worked in this company for ten years.

O que tens *nessa* **caixa?**
What do you have in that box?

O Jorge mora *naquela* **casa branca.**
Jorge lives in that white house.

Nem penses *nisso***!**
Don't even think about that!

Preposition *a*

It only contracts with **aquele(s)**, **aquela(s)** and **aquilo**.

a + aquele(s)/aquela(s) and aquilo = àquele(s)/àquela(s) and àquilo

Example: **O João dá sempre uma moeda** *àquele* **pedinte ali na esquina.**
João always gives a coin to that beggar in that street corner.

Exercise 1

Complete the following sentences with the appropriate demonstrative.

1 Como se chama _____ que está aqui?
2 _____ casa aqui é muito grande.
3 _____ homem acolá é o teu chefe?
4 Gosto muito d_____ camisa que (tu) trazes hoje?
5 _____ meninas que estão ali com o João são brasileiras.
6 O que é que (tu) tens n_____ saco azul?
7 (Eu) moro em Manchester. Moro n_____ cidade há dezassete anos.
8 Como é o nome d_____ senhora que está ali sentada.

Exercise 2

Rewrite the following sentences using the noun in brackets. Use the example provided as a guide.

Example: Este sobretudo é muito comprido para eu usar. (saias)
        Estas saias são muito compridas para eu usar.

1 Este livro pertence àquela professora. (canetas)
2 Aquela casa é antiga. (automóveis)
3 Essas calças que (você) traz são novas? (gravata)
4 Eles gostam daquele filme. (cidade)
5 (Tu) trabalhas nesta empresa. (escritório)
6 Nós queremos esses livros que (tu) tens. (plantas)
7 O Sr. Paulo e a esposa estão a vender aquelas casas. (apartamentos)
8 (Você) está a ver aquela mulher ali? (homem)
9 (Vocês) vivem nesta cidade? (prédio)
10 (Eu) não acredito nessa história que (tu) me contas. (mentiras)

Exercise 3

Translate the following sentences into Portuguese.

1 That man over there is very nice.
2 These people are tired.
3 This is wrong.
4 We are on holiday this week.
5 She lives in that blue house at the end of the street.
6 That dress you (**você**) are wearing is beautiful.
7 What is that over there?
8 Do you (**tu**) like this town?

Exercise 4

Complete the sentences below with the correct demonstrative.

1 (Tu) queres _____ camisa? É muito pequena para mim.
2 _____ estudantes que estão ali a falar com a Joana são estrangeiros.
3 Você conta _____ história todos os anos!
4 Eu não acredito! _____ que tu dizes tem de ser mentira!
5 Vocês vêm estudar aqui n_____ biblioteca?
6 (Nós) gostamos mais desta fotografia, podes guardar _____ que tens na mão.
7 (Tu) queres _____ café? (Eu) faço outro para mim.
8 _____ semana está muito frio.
9 O que é _____ que está aqui no chão?
10 Eu não compreendo nada d_____ que ela está ali a dizer.

Exercise 5

Complete the two short dialogues below by filling in the gaps with the correct demonstrative.

Maria   Pedro, sabes onde está _____ (1) livro grande de história?
Pedro   Que livro, _____ (2) que eu tenho aqui?
Maria   Sim, é _____ (3) mesmo que tu tens aí!
Pedro   Pois, só que eu estou a precisar d_____ (4) livro para um trabalho da universidade.
Maria   Então, tu trabalhas com _____ (5) livro agora e depois trabalho eu.
Pedro   Combinado!

Na retrosaria . . .
At the haberdashery shop . . .

Sara   Bom dia, tem botões de camisa?
Loja   Tenho de vários estilos. Tenho daqueles botões muito pequenos para camisas de homem e tenho também d_____ (6) (botões) decorados para camisas de senhora.
Sara   Os que eu preciso são para duas camisas de senhora. Gosto d_____ (7) botões muito decorados. Pode mostrar os que tem?
Loja   Com certeza, aqui estão eles. Nesta caixa (eu) tenho (botões) de várias cores e de vários tamanhos, mas _____ (8) botões não são muito decorados. Quer ver outros?
Sara   Sim, por favor.
Loja   Ora, aqui estão . . . _____ (9) caixa tem botões um pouco mais caros, mas muito bonitos. Estes botões são mais decorados. Gosta?

Sara	Sim, gosto muito. Levo seis botões azuis e seis amarelos, desses mais decorados que tem n_____ (10) segunda caixa.
Loja	São seis euros, por favor.
Sara	Aqui tem, obrigada.
Loja	Obrigado.

Exercise 6

Complete the text below by filling in the gaps with the correct demonstrative (one of the demonstratives provided is used twice).

essa   destas   deste   estas   essas   este

O território português compreende Portugal continental e as regiões autónomas dos Açores e da Madeira. _____ (1) duas regiões são arquipélagos de origem vulcânica e _____ (2) designação de 'regiões autónomas' significa que ambos têm autonomia política e administrativa.

O arquipélago dos Açores é formado por um conjunto de nove ilhas e _____ (3) ilhas chamam-se Flores, Corvo, Terceira, Pico, Faial, São Jorge, Graciosa, São Miguel e Santa Maria. _____ (4) arquipélago fica situado no Oceano Atlântico, a aproximadamente 1500 km da costa da Europa e a 4000 km da costa dos Estados Unidos.

Quanto ao arquipélago da Madeira, _____ (5) é formado por quatro ilhas e os nomes _____ (6) são Madeira, Porto Santo, Desertas e Selvagens. O clima _____ (7) arquipélago é mais tropical devido à sua localização geográfica, a cerca de 700 km a oeste da costa ocidental de África e a cerca de 1000 km da costa de Lisboa.

Key vocabulary for Unit 9

a cerca de	approximately
administrativa (f.)	administrative
agora	now
amarelos (m. pl.)	yellow
animado/a	lively
anos (m. pl.)	years
ao fundo da rua	at the end of the street
aproximadamente	approximately
arquipélagos (m. pl.)	archipelagos
autónomas (f. pl.)	autonomous
autonomia (f.)	autonomy
botões (m. pl.)	buttons
camisa de homem (f.)	man's shirt

camisa de senhora (f.)	lady's shirt
caneta (f.)	pen
com certeza	of course
combinado	agreed
conjunto (m.)	set, group
contar	to tell
continental (m./f.)	continental
costa ocidental (f.)	west coast
decorados (m. pl.)	decorated
dele	his
denominados (m. pl.)	denominated
devido à	owing to
ensinar	to teach
Estados Unidos (m. pl.)	United States
estilos (m. pl.)	styles
estrangeiros	foreigners
formado por	made up of
gravata (f.)	tie
ilhas (f. pl.)	islands
levar	to take, carry
localização geográfica (f.)	geographical location
mais caros (m. pl.)	more expensive
moeda (f.)	coin
motorizada (f.)	motorbike
muitas vezes	often
mulher (f.)	woman
Oceano Atlântico (m.)	Atlantic Ocean
oeste (m.)	west
para mim	to me, for me
pedinte (m./f.)	beggar
pertencer	to belong to
política (f.)	politics
por favor	please
quanto a	as to
saco (m.)	bag
saia (f.)	skirt
sapato (m.)	shoe
segundo (m.)	second
significa	means
situados (m. pl.)	situated, located
tamanhos (m. pl.)	sizes
território (m.)	territory
tropical (m./f.)	tropical
União Europeia (f.)	European Union
vulcânica (f.)	volcanic

UNIT 10
Adjectives and adverbs

Adjectives

In Portuguese, as in English, adjectives are used to qualify nouns. In Portuguese, adjectives usually follow the noun and have to agree in gender and number with the noun they qualify.

Adjectives tend to follow the same rules as nouns when it comes to gender and number.

Examples: **Eu tenho uma casa *branca* e um automóvel *vermelho*.**
I have a white house and a red car.

Eles gostam de férias *caras* em hotéis *luxuosos*.
They like expensive holidays in luxury hotels.

Ele é *inglês* e ela é *portuguesa*.
He is English and she is Portuguese.

Ele e a esposa são *encantadores*.
He and his wife are charming.

However, there are a few points worth noting.

1 Most adjectives ending in **-eu** form the feminine as **-eia**:

Example: **Um país *europeu*. Uma cidade *europeia*.**
A European country. A European city.

2 Adjectives ending in **-ão** form the feminine as **-ã**, **-oa** or **-ona**:

Examples: **O Pedro é ótimo *anfitrião* e a esposa também é ótima *anfitriã*.**
Pedro is a great host and his wife is also a great host.

O Manuel é muito *brincalhão* e a filha dele também é *brincalhona*.
Manuel is very playful and his daughter is also playful.

73

3 Some adjectives only vary in number, not in gender, i.e. they change from singular to plural in line with the noun they qualify, but they do not change to show that the noun is masculine or feminine.

Most adjectives ending in **-a**, **-e**, **-ar**, **-l**, **-m** and **-z** in the masculine do not change in the feminine, as illustrated below.

Examples:

Ele é *pessimista*.   **Ela é *pessimista*.**   **Ambos são *pessimistas*.**
He is a pessimist.   She is a pessimist.   Both are pessimists.

Ele é *forte*.   **Ela é *forte*.**   **São ambos *fortes*.**
He is strong.   She is strong.   They're both strong.

Ele é *vulgar*.   **Ela é *vulgar*.**   **São ambos *vulgares*.**
He is common/vulgar.   She is vulgar.   They're both common/vulgar.

O dinheiro é *essencial*.   **A comida é *essencial*.**   **Ambos são *essenciais*.**
Money is essential.   Food is essential.   Both are essential.

Ele é *jovem*.   **Ela é *jovem*.**   **Ambos são *jovens*.**
He is young.   She is young.   Both are young.

Ele é *feliz*.   **Ela é *feliz*.**   **São ambos *felizes*.**
He is happy.   She is happy.   They're both happy.

but

Ele é *simples*.   **Ela é *simples*.**   **São ambos *simples*.**
He is unaffected.   She is unaffected.   They're both unaffected.

As you can see above, adjectives form the plural in the same way as nouns.

Other commonly used adjectives that do not change in gender, only in number, are listed below.

anterior ≠ posterior	before ≠ after
interior ≠ exterior	interior ≠ exterior
inferior ≠ superior	inferior ≠ superior
menor ≠ maior	minor ≠ of age, smaller ≠ larger
melhor ≠ pior	better ≠ worse

4 Some commonly used adjectives have an irregular feminine form.

Examples: **Esse músico é muito *bom*.**
              That musician is very good.

              Esta aluna é muito *boa*.
              This female student is very good.

Aquele homem é *mau*.
That man is mean.

Aquela decisão foi *má*.
That decision was bad.

As seen above, adjectives usually follow the noun, but in some situations they can precede the noun. This happens when the adjective takes a figurative meaning.

Examples: **Ele é um homem *rico*.**
He is a rich man.

        Ele é um *rico* homem.
He is a great guy.

        Eles são pessoas *velhas*.
They are old people.

        Eles são *velhos* amigos.
They are old friends.

        Ela é uma mulher *bela*.
She is a beautiful woman.

        Ela é uma *bela* mulher.
She is a wonderful woman.

Adverbs

Adverbs are very useful elements in a sentence, as they can modify a verb, an adjective, another adverb or even a whole sentence. Adverbs are invariable, i.e. they do not change gender or number, as illustrated below.

Examples: ***Amanhã* (nós) temos de ir trabalhar.**
Tomorrow, we have to go to work.

        O Pedro é *bastante* profissional.
Pedro is quite professional.

        Os aviões voam *muito* alto.
Planes fly very high.

        ***Felizmente*, ele ganha suficiente para sustentar a família.**
Fortunately, he earns enough to support his family.

Adverbs can be used in a variety of situations. Most commonly, they can be used to express time, place, manner, intensity, negation (as seen in Unit 7) and interrogation (as seen in Unit 6). The examples below illustrate those used more frequently.

1 Adverbs of time:

ontem	yesterday
hoje	today
amanhã	tomorrow
agora ≠ logo	now ≠ later
antes ≠ depois	before ≠ after
cedo ≠ tarde	early ≠ late

Examples: ***Hoje* ficamos em casa porque é domingo.**
Today we stay home because it is Sunday.

(Eu) tenho de ir às compras *agora*.
I have to go shopping now.

***Amanhã* (nós) vamos sair de casa cedo.**
Tomorrow, we're going to leave home early.

2 Adverbs of place:

aqui, cá	here
aí	there (where you are)
ali, acolá	there (over there where they are)
lá	there (over there where they are, where I've just referred)
perto ≠ longe	near ≠ far
aqui/cá dentro ≠ lá fora	inside ≠ outside
dentro ≠ fora	in ≠ out

Examples: **Esse lápis que tens *aí* na mão pertence ao João.**
That pencil you have there in your hand belongs to João.

O David vai para Lisboa e fica *lá* duas semanas.
David is going to Lisbon and stays there two weeks.

(Nós) vamos a casa do Pedro, pois fica *perto*.
We are going to Pedro's house, as it is near.

Está muita gente *lá fora*.
There are a lot of people outside.

3 Adverbs of manner:

> **bem ≠ mal**   well ≠ badly
> **depressa ≠ devagar**   fast ≠ slowly

> *Examples*:   **Ela conduz *depressa*.**
>   She drives fast.

>   **Ele fala *bem* português.**
>   He speaks Portuguese well.

4 Adverbs of intensity:

> **pouco ≠ muito**   little, not much ≠ very, a lot
> **menos ≠ mais**   less ≠ more
> **demasiado**   too much
> **demais**   too much, too many

> *Examples*:   **Ela trabalha *muito*.**
>   She works a lot.

>   **(Tu) comes *demasiado*.**
>   You eat too much.

>   **(Eu) tenho sapatos *demais*.**
>   I have too many shoes.

>   **Vocês falam *pouco*.**
>   You don't speak much.

Adverbs formed by adding *-mente*

Many adverbs are formed by simply adding the suffix **-mente** ('-ly') to the adjective. Any graphic accent on the adjective is dropped when taking the suffix.

normal	**normalmente**	normally
individual	**individualmente**	individually
fácil	**facilmente**	easily
(in)feliz	**(in)felizmente**	(un)happily
alegre	**alegremente**	cheerfully
semanal	**semanalmente**	weekly
mensal	**mensalmente**	monthly
trimestral	**trimestralmente**	quarterly
semestral	**semestralmente**	per semester, half-yearly
anual	**anualmente**	annually, yearly
grande	**grandemente**	largely

But adjectives ending in **-o** change to **-a** before taking the suffix **-mente**.

lento → lenta	**lentamente**	slowly
rápido → rapida	**rapidamente**	rapidly
óbvio → óbvia	**obviamente**	obviously
cuidadoso → cuidadosa	**cuidadosamente**	carefully
curioso → curiosa	**curiosamente**	curiously
diário → diária	**diariamente**	daily

Examples: **Num dia *normal* a Joana vai trabalhar.**
In a normal day Joana goes to work.

Normalmente a Joana vai trabalhar.
Normally Joana goes to work.

A avó da Paula caminha *lentamente*.
Paula's grandmother walks slowly.

When using two adverbs ending in **-mente**, only the second adverb takes the suffix, as illustrated below:

Example: **Na minha empresa fazemos relatórios *mensal* e trimestralmente.**
In my company we write reports monthly and quarterly.

Position of the adverb

1 Adverbs of time and place can come before or after the verb they modify, as shown below:

Examples: **_Amanhã_ (nós) vamos ao cinema.**
Tomorrow we are going to the cinema.

Eles não trabalham *hoje*.
They don't work today.

2 Other adverbs usually come before the adjective or after the verb they modify, as shown below:

Examples: **A filha do Pedro é *muito* bonita.**
Pedro's daughter is very beautiful.

Ela corre *depressa*.
She runs fast.

3 Adverbs ending in **-mente** tend to come at the beginning of a sentence, for stress:

Examples: **Infelizmente, está a chover.**
Unfortunately, it is raining.

Raramente tenho tempo para ir ao cinema.
Rarely do I have time to go to the cinema.

Normalmente, elas ficam em casa aos domingos.
Usually they stay home on Sundays.

Exercise 1

Form adverbs with the following adjectives:

1 lento / _____	9 antigo / _____
2 rápido / _____	10 novo / _____
3 alegre / _____	11 eficaz / _____
4 distinto / _____	12 delicioso / _____
5 claro / _____	13 decidido / _____
6 intenso / _____	14 habitual / _____
7 infeliz / _____	15 simples / _____
8 divino / _____	16 franco / _____

Exercise 2

Match each set of adjectives in the left column to their opposite set in the right column.

1 bonito(s), bonita(s)	a barato(s), barata(s)
2 grande(s)	b triste(s)
3 curto(s), curta(s)	c antipático(s), antipática(s)
4 claro(s), clara(s)	d largo(s), larga(s)
5 rico(s), rica(s)	e moderno(s), moderna(s)
6 alegre(s)	f pequeno(s), pequena(s)
7 alto(s), alta(s)	g feio(s), feia(s)
8 novo(s), nova(s)	h escuro(s), escura(s)
9 estreito(s), estreita(s)	i lento(s), lenta(s)
10 antigo(s), antiga(s)	j longo(s), longa(s)
11 caro(s), cara(s)	l baixo(s), baixa(s)
12 simpático(s), simpática(s)	m velho(s), velha(s)
13 rápido(s), rápida(s)	n pobre(s)

Exercise 3

Complete the following sentences by filling in the gaps with the correct adjective or adverb from the list below.

**inteligente feliz antipáticas escura pequenas alegre curtas
lento velha simpático moderno caras**

1 Aquelas casas grandes são muito _____.
2 As crianças _____ precisam de muita atenção.
3 A diretora está muito _____ com os resultados das vendas.
4 Este automóvel está velho e é muito _____.
5 Esse homem que (tu) conheces é bastante _____.
6 Há muitas pessoas _____ neste mundo.
7 As férias são sempre muito _____.
8 O José é um jovem estudante; anda sempre _____ e sorri muito.
9 A Paula trabalha num edifício _____ lindíssimo.
10 Aquela aluna é muito _____ e tira notas excelentes.
11 "Filha, essa tua camisa está muito _____, já tem a cor gasta."
12 Vou acender a luz. Esta sala está muito _____ e não consigo ler.

Exercise 4

Complete the following narrative by filling in the gaps with the adjectives and adverbs below.

**localmente fresco cansados grande depressa especialmente
antigas bela longas encantadora agradável acumulada
interessantes típico fresca caseiro**

Nesta _____ (1) manhã de domingo, (nós) vamos levar os cães a passear num parque _____ (2) fora da cidade. Está uma manhã muito _____ (3) e por isso queremos aproveitar o ar _____ (4). (Nós) adoramos fazer caminhadas _____ (5), pois (nós) podemos soltar os cães e eles correm _____ (6) à nossa frente e, assim, gastam muita energia _____ (7) durante a semana.

Enquanto (nós) caminhamos, (nós) gostamos de apreciar a natureza à nossa volta e de observar as árvores _____ (8) e majestosas que existem no parque há centenas de anos. (Nós) ouvimos os pássaros a chilrear. Eles enchem o ar primaveril com uma música _____ (9).

Depois de uma caminhada de duas horas, (nós) deixamos os cães no carro, _____ (10), e (nós) vamos a um café _____ (11), (nós) tomamos lá uma bebida e comemos uma sande feita _____ (12) para nós com pão _____ (13), alface _____ (14) e fiambre delicioso produzido _____ (15). Ali sentados, (nós) conversamos sobre muitas coisas _____ (16).

Exercise 5

Translate the following sentences into Portuguese.

1 Fortunately, I have a nice boss.
2 This house is very modern.
3 The city gardens are pleasant.
4 Paul is very short.
5 Tomorrow is going to be a beautiful day.
6 This book is very interesting.
7 'You (**tu**) are very sad today. Are you well?'
8 Catherine is a very sad woman.
9 This room is very dark. The window is very small and very little light gets in.
10 Those trees over there are very ancient, tall and beautiful.
11 Computers at work are very slow.
12 These clothes are very old.

Exercise 6

Complete the following narrative by filling in the gaps with the adjectives and adverbs below.

> **tradicionalmente   importante   familiares   unido   típica   estreitos**
> **regularmente   valorizados   particularmente   familiar   fundamental**
> **acolhedor   independentes   portuguesa   especialmente**

A família é muito _____ (1) para os portugueses e todos os outros povos de expressão _____ (2). Trata-se de uma instituição _____ (3) em todas essas sociedades. Os laços _____ (4) são bastante _____ (5) e, _____ (6), a família é um núcleo _____ (7), onde a mulher assume um papel vital, mantendo o lar cuidado e _____ (8). É muito comum os membros mais idosos continuarem a viver com a família em vez de irem viver para lares de idosos.

Numa família _____ (9), os pais mantêm laços _____ (10) com os filhos e os netos, e convivem uns com os outros _____ (11), _____ (12) em alturas de festa: nos aniversários, na Páscoa e no Natal. Este convívio é _____ (13) típico nas famílias africanas de expressão portuguesa, onde o núcleo _____ (14) é bastante importante para o bem estar individual. Numa família tradicional, mesmo depois de adultos e _____ (15), os filhos ainda recorrem aos pais para aconselhamento e apoio, e muitos pais ainda ralham com filhos adultos, se acham necessário.

Key vocabulary for Unit 10

à nossa frente	in front of us
acolhedor (m.)	welcoming
aconselhamento (m.)	advice
acumulada (f.)	accumulated, stored
agradável (m./f.)	pleasant
alegre	happy
alface (f.)	lettuce
alto (m.)	high, tall
alturas de festa (f. pl.)	festive periods
antigo (m.)	antique
antipático (m.)	not nice
apoio (m.)	support
aproveitar	to make the most of
atenção (f.)	attention
barato (m.)	cheap
bem estar (m.)	wellbeing
caminhadas (f. pl.)	walks
cansados (m. pl.)	tired
centenas (f. pl.)	hundreds
chilrear	birdsong
claro (m.)	clear, light
comum (m.)	common, shared
convívio (m.)	socializing
cuidado (m.)	cared for
curto (m.)	short
delicioso (m.)	delicious
distinto (m.)	distinct
divino (m.)	divine
edifício (m.)	building
eficaz (m.)	effective
em vez de	instead of
encantadora (f.)	enchanting, delightful
encher o ar de	to fill the air with
energia (f.)	energy
estreitos (m. pl.)	close
feio (m.)	ugly
fiambre (m.)	ham
filhos (m. pl.)	children
fora da cidade	out of town
franco (m.)	frank, honest
gasta (f.)	worn
idosos (m. pl.)	elderly

independentes (m./f. pl.)	independent
instituição (f.)	institution
intenso (m.)	intense
laços estreitos (m. pl.)	close ties
laços familiares (m. pl.)	family ties
lar (m.)	home
lares de idosos (m. pl.)	old people's homes
lindíssimo (m.)	extremely beautiful
luz (f.)	light
majestosas (f. pl.)	majestic
membros (m. pl.)	members
natureza (f.)	nature
necessário (m.)	necessary
núcleo unido (m.)	united nucleus
papel (m.)	paper
pássaros (m. pl.)	birds
pobre (m./f.)	poor
produzido (m.)	produced
ralham	tell off
recorrem	make use of
sande (f.)	sandwich
simpático (m.)	nice
sociedades (f. pl.)	societies
soltar	release
sorrir	smile
tira notas excelentes	has excellent marks
uns com os outros (m. pl.)	each other
valorizados (m. pl.)	valued

UNIT 11
Comparatives and superlatives

As seen in Unit 10, adjectives are used to qualify nouns (objects or people). In this unit we will look at how we can use adjectives to compare qualities, at various levels. We can compare different people/objects or different qualities in a person/object, or even how a person/object stands out from the rest, in a positive or negative way.

The comparatives

Different qualities can be compared on the basis of being superior, equal or inferior.

superior to	**mais . . . (do) que**	more . . . than
equal to	**tão . . . como**	as . . . as
	tão . . . quanto	
	tanto(s)/tanta(s) . . . como	as much/many . . . as
inferior to	**menos . . . (do) que**	less . . . than

Examples: **A Ana é *mais* bonita *(do) que* a Paula.**
Ana is more beautiful than Paula.

A Ana é *mais* bonita *(do) que* simpática.
Ana is more beautiful than she is nice.

O Porto é *tão* interessante *como* Lisboa.
Oporto is as interesting as Lisbon.

O Pedro é *tão* eficiente *quanto* trabalhador.
Pedro is as efficient as he is hardworking.

(Eu) tenho *tanto* vinho *como* sumo para a festa.
I have as much wine as I have juice for the party.

A Suzana é *menos* faladora *(do) que* parece.
Suzana is less talkative than it appears.

Comparatives can be intensified with adverbs such as **muito** (much, very), **bem** (quite) and **ainda** (even), as illustrated below.

Examples: **A Ana é *muito mais* bonita *(do) que* a Paula.**
Ana is much more beautiful than Paula.

A Maria é *ainda mais* bonita *(do) que* a Ana.
Maria is even more beautiful than Ana.

Eu acho o Porto *bem mais* interessante *do que* Lisboa.
I find Oporto far more interesting than Lisbon.

A Sofia é *ainda menos* faladora *(do) que* a Suzana.
Sofia is even less talkative than Suzana.

The superlatives

There are two types of superlatives – relative and absolute superlatives.

1 Relative superlatives are used to indicate that someone has a high level of a certain quality, or that (s)he stands out from the rest, whether this is in a positive or a negative way.

Examples: **A Ana é a menina *mais* bonita *da* turma.**
Ana is the most beautiful girl in her class.

O José é o rapaz *menos* inteligente *que* eu conheço.
José is the least intelligent boy I know.

O André é o *melhor* aluno *da* turma.
André is the best student in the class.

2 Absolute superlatives are used to indicate that someone has the highest level of a certain quality, whether this is a positive or a negative quality.
Absolute superlatives are formed by adding the suffix **-íssimo** to the adjective. When adding the suffix to the adjective, most adjectives suffer a minor change. The most commonly applied ones are illustrated below.

a Adjectives ending in the simple vowels **-a**, **-e** and **-o** lose the vowel before they take the suffix **-íssimo**. Any adjectives with graphic accents lose these when they take the suffix.

lento → lent-	**lentíssimo**	extremely slow
rápido → rapid-	**rapidíssimo**	extremely fast
triste → trist-	**tristíssimo**	extremely sad

Examples: **O meu computador é antigo e lentíssimo.**
My computer is old and extremely slow.

(Tu) fazes tudo rapidíssimo!
You do everything extremely fast.

O Filipe está *tristíssimo*.
Filipe is extremely sad.

A Sara é *inteligentíssima*.
Sara is extremely intelligent.

b   Adjectives ending in: **-l, -r** and **-s** just add the suffix **-íssimo**. Any adjectives
with graphic accents lose these when they take the suffix.

original	**originalíssimo**	extremely original
vulgar	**vulgaríssimo**	extremely ordinary
inglês	**inglesíssimo**	extremely English

Example: **A tua atitude é *inglesíssima*.**
Your attitude is extremely English.

c   Adjectives ending in: **-co** change the consonant **-c** into **-qu** before adding
the suffix **-íssimo**.

fraco	**fraquíssimo**	extremely weak
rico	**riquíssimo**	extremely rich
fresco	**fresquíssimo**	extremely fresh
branco	**branquíssimo**	extremely white

Below are some commonly used irregular absolute superlatives:

amigo	**amicíssimo**	extremely friendly
antigo	**antiquíssimo**	extremely old
difícil	**dificílimo**	extremely difficult
pobre	**paupérrimo**	extremely poor

Note: in informal Portuguese, many people avoid the use of absolute
superlatives by preceding the adjective with **muitíssimo, extremamente**
or **super**.

Examples: **O Filipe está *muitíssimo* triste.**
Filipe is really sad.

A tua atitude é *extremamente* inglesa.
Your attitude is extremely English.

O apartamento dele é *super* moderno.
His flat is extremely modern.

Below are some commonly used adjectives with an irregular comparative and superlative form:

	comparative	*relative superlative*	*absolute superlative*
bom good	**melhor** better	**o melhor** the best	**ótimo** great
mau bad	**pior** worse	**o pior** the worst	**péssimo** awful
grande big	**maior** bigger	**o maior** the biggest	**máximo** maximum
pequeno small	**menor** smaller	**o menor** the smallest	**mínimo** minimum
muito very	**mais** more	**o mais** the most	**muitíssimo** very (much)
pouco little	**menos** less	**o menos** the least	**pouquíssimo** extremely little

Examples: **Vocês são *os melhores* amigos da Ana.**
You are Ana's best friends.

O vinho é *pior* para a saúde *(do) que* a água.
Wine is worse for one's health than water.

Ela é preguiçosa e faz *o mínimo* possível.
She is lazy and does the minimum possible.

O meu avô come *pouquíssimo*.
My grandfather eats extremely little.

Exercise 1

Form the absolute superlative of the following adjectives.

1 velho _____		7 baixo _____
2 belo _____		8 lindo _____
3 gordo _____		9 magro _____
4 pequeno _____		10 estranho _____
5 azul _____		11 normal _____
6 alto _____		12 forte _____

Exercise 2

Complete the following sentences by filling in the gaps with the absolute superlatives below.

**velhíssima   longíssimo   lentíssimo   escuríssima   riquíssimas
tristíssimo   antiquíssimas   amicíssimo   moderníssimo
inteligentíssimo   curtíssimas   lindíssimas**

1 Aquelas casas grandes são _____.
2 As flores deste jardim são _____.
3 Este automóvel está velho e é _____.
4 Esse homem que (tu) conheces é _____ do João.
5 Há muitas pessoas _____ neste mundo.
6 As férias são sempre _____.
7 O Pedro é um jovem estudante e anda sempre _____ e nunca sorri.
8 A Paula trabalha num edifício _____.
9 O Rui é _____ e tira sempre a nota máxima nos exames.
10 "Filha, essa tua camisa é _____. Tens de comprar uma nova."
11 Vou acender a luz. Esta sala está _____.
12 A quinta do meu avô fica _____.

Exercise 3

Complete the following sentences using comparatives.

1 Aqueles carros são modernos e também são confortáveis, portanto: aqueles carros são _____ modernos _____ confortáveis.
2 A Sofia tem dez anos e o Diogo (tem) cinco. Ela é _____ velha _____ ele.
3 O Pedro tem muito dinheiro e o João tem pouco. Portanto o Pedro é _____ rico _____ o João.
4 O chefe da Ana é muito profissional, mas não é um homem paciente. Ele é _____ paciente _____ profissional.
5 A casa do José tem seis quartos e a casa da Joana tem apenas dois. A casa do José é _____ do que a (casa) da Joana.
6 A Maria tem dois filhos e a cunhada tem quatro, portanto a Maria tem _____ filhos _____ a cunhada.
7 Portugal é um país _____ pequeno _____ a Inglaterra.
8 O Rui tem trinta anos, o Paulo tem quarenta e o Ricardo tem vinte. Por isso, o Rui é _____ velho _____ o Ricardo e mais novo do que o Paulo.

Exercise 4

Translate the following sentences into Portuguese.

1 She is the worst person in the company.
2 This old house is the largest in the village.
3 These gardens are the biggest in the country.
4 Paul is extremely intelligent.
5 Sara's dog is as small as Peter's.
6 This book is extremely interesting.
7 Sara's village is smaller than this one.
8 Catherine is an extremely sad woman.
9 John has darker hair than Mary.
10 Those trees are as old as they are tall.

Exercise 5

Rewrite the following sentences by using the appropriate comparatives and superlatives. Use the notes in brackets and the examples below to guide you.

Examples: A culinária dos países de expressão portuguesa é <u>saborosa</u>. (intensify)
A culinária dos países de expressão portuguesa é saborosíssima.

As comidas regionais portuguesas são <u>deliciosas</u> e também são <u>naturais</u>. (compare, equal)
As comidas regionais portuguesas são tão deliciosas como naturais.

Algumas comidas regionais são mais deliciosas do que <u>saudáveis</u>. (compare, less)
As comidas regionais são menos saudáveis do que deliciosas.

<u>A culinária tradicional</u> é mais saborosa do que a culinária moderna. (compare, most)
A culinária tradicional é a mais saborosa.

1 A culinária dos países de expressão portuguesa é <u>rica</u> em ingredientes. (intensify)
2 As tradições culinárias de Portugal e também as dos outros países de expressão portuguesa utilizam legumes e frutos frescos. (compare, equal)
3 A culinária das regiões costeiras de cada país usa muito mais peixe do que carne. (compare, less)
4 As tradições culinárias de todos estes países favorecem o uso de legumes e frutos <u>frescos</u>. (intensify)

5 A culinária dos países africanos é muito exótica, mas a culinária do Brasil também é. (compare, equal)
6 As comidas desses países são mais tropicais que <u>as comidas portuguesas</u>. (compare, least)
7 A culinária angolana é <u>influenciada</u> pela culinária moçambicana e pela portuguesa. (compare, more)
8 Ingredientes como o sorgo, painço, castanha de caju, mandioca, melancia, papaia e côco são <u>muito</u> usados em pratos angolanos e moçambicanos. (intensify)

Key vocabulary for Unit 11

cada	each
carnes (f. pl.)	meats
castanha de caju (f.)	caju
côco (m.)	coconut
curtíssimas (f. pl.)	extremely short
deliciosas (f. pl.)	delicious
escuríssima (f.)	extremely dark
força (f.)	strength
frutos (m. pl.)	fruits
hábito (m.)	habit
ingredientes (m. pl.)	ingredients
legumes (m. pl.)	vegetables
longíssimo (m.)	extremely far
melancia (f.)	water melon
momento (m.)	moment
notas (f. pl.)	notes
painço (m.)	millets
papaia (f.)	papaya
ponto comum (m.)	common point
pratos (m. pl.)	dishes
proximidade (f.)	proximity
saborosa (f.)	tasty
sorgo (m.)	sorghum
tradições (f. pl.)	traditions
velhíssima (f.)	extremely old

UNIT 12
Direct object and direct object pronouns

A sentence in Portuguese, as in English, is typically made up of the subject, the verb, the direct object and the indirect object, in this order, as illustrated below.

Example: **O Manuel oferece flores à Leonor.**
Manuel offers flowers to Leonor.

In the sentence above **o Manuel** is the subject, **oferece** is the verb, **flores** is the direct object and **à Leonor** is the indirect object. In Portuguese, the direct object can also be a person, depending on the verb, as illustrated below.

Examples: **O Pedro conhece *a Joana*.**
Pedro knows Joana.

A Catarina vê *o professor*.
Catarina sees the teacher.

In the examples provided above, **Joana** and **o professor** are direct objects.

The subject, the direct object and the indirect object can be replaced with pronouns, namely a subject pronoun (as seen in Unit 4), a direct object pronoun and an indirect object pronoun.

In this unit we will focus on direct object pronouns and their position in the sentence.

Portuguese direct object pronouns are:

1st person singular	**me**	me
2nd person singular	**te**	you (familiar form)
3rd person singular	**o**	you (polite form masc.), him, it
	a	you (polite form fem.), her, it
1st person plural	**nos**	us
3rd person plural	**os**	you (polite form masc.), them (masc. for people or objects)
	as	you (polite form fem.), them (fem. for people or objects)

Position of the direct object pronoun

The direct object pronoun usually follows the verb and it is linked to it by
a hyphen, as illustrated in the following examples:

Examples: **O João conhece-*me* muito bem.**
João knows me very well.

A Paula leva-*te* à estação?
Does Paula take you to the station?

A Sandra passeia *o cão* no parque; ela passeia-*o* todos os dias.
Sandra walks her dog in the park; she walks him every day.

(Eu) lavo *a roupa* ao sábado; lavo-*a* logo pela manhã.
I wash my clothes/do my washing on Saturdays; I wash them/do
it first thing in the morning.

O meu primo visita *a avó* semanalmente; (ele) visita-*a* ao domingo.
My cousin visits his grandmother weekly; he visits her on Sundays.

A Luísa ouve-*nos* sempre.
Luísa always listens to us.

(Você) atende *clientes* todo o dia, mas atende-*os* sem vontade.
You serve customers every day, but you serve them unwillingly.

Ele observa *as pessoas* na rua e observa-*as* com atenção.
He observes people in the street and he observes them carefully.

O Rui come *muitas uvas* e come-*as* com gosto.
Rui eats a lot of grapes and he eats them with pleasure.

However, the direct object pronoun will precede the verb in the following cases:

1   in negative statements using **não, nunca, jamais, nem, ninguém, nenhum(a)**
and **nada**.

Examples: **O João *não me* conhece muito bem.**
João doesn't know me very well.

A Paula *nunca te* leva à estação?
Does Paula never take you to the station?

A Sandra *jamais o* passeia todos os dias.
Sandra never walks him every day.

***Ninguém as* observa com atenção.**
No one observes them carefully.

Nenhum dos netos a visita ao sábado.
None of her grandchildren visits her on Saturdays.

O José está triste e *nada* o anima.
José is sad and nothing cheers him up.

2 in questions using interrogatives: **quem, qual, quando, onde, quanto, que, como**, etc.

Examples: **Quem (é que) *te* leva à estação?**
Who takes you to the station?

Quando (é que tu) *a* visitas?
When do you visit her?

Sabes *onde* (é que) ele *te* vai levar logo à noite?
Do you know where he is taking you tonight?

Sandra, *onde* (é que) *o* passeia todos os dias?
Sandra, where do you walk him every day?

Quanto (é que tu) *o* adoras?
How much do you love it?

Como (é que você) *se* chama?
What is your name?

3 after conjunctions, such as **porque, que, visto que, como, uma vez que**, etc.

Examples: **(Tu) apanhas sempre o comboio, *porque* ela *te* leva à estação cedo.**
You always catch the train, because she takes you to the station early.

(Eu) acho *que* a Sandra *o* passeia todos os dias.
I think that Sandra walks him every day.

Como a Luísa *nos* ouve sempre, (nós) preferimos falar com ela.
Since Luísa always listens to us, we prefer to talk to her.

Uma vez que (tu) a visitas ao domingo, eu visito-a ao sábado.
Since you visit her on Sundays, I visit her on Saturdays.

4 after adverbs, such as **ainda**, **tudo**, **sempre**, **também**, **só**, etc.

Examples: **A Paula *ainda te* leva à estação hoje.**
Paula will still take you to the station today.

Tudo me **chateia hoje!**
Everything annoys me today.

A Catarina *também o* passeia todos os dias.
Catarina also walks him every day.

O João só *me conhece* desde o ano passado.
João only knows me since last year/has only known me since
last year.

Note: **sempre** is a modifier. It changes meaning, depending on its position
in the sentence. If placed after the verb it translates as 'always'; if placed
before the verb, it translates as 'after all', 'at least'. This affects the position
of the pronoun, as illustrated below.

Examples: **A Luísa ouve-nos *sempre*.**
Luísa always listens to us.

A Luísa *sempre nos* ouve.
Luísa (at least) does listen to us.

A Paula leva-te *sempre* à estação.
Paula always takes you to the station.

A Paula *sempre te* leva à estação.
Paula will, after all, take you to the station.

5 after adjectives or pronouns, such as **todos/as**, **muitos/as**, **poucos/as**, **alguém**,
algo, etc.

Examples: **A Ana é muito popular. *Todos a* conhecem.**
Ana is very popular. Everyone knows her.

Algo me **diz que ele está em apuros.**
Something tells me he is in trouble.

Alguém **me ajuda a guardar as compras?**
Will anyone help me to put the shopping away?

Variant forms of direct object pronouns

The variant forms apply to the third person direct object pronouns **-o**, **-a**, **-os**
and **-as**, depending on specific verb conjugations.

No change is applied to the pronoun if the verb conjugation ends in a vowel (-a, -e, -i, -o) or if it ends in an oral diphthong (-eu, -iu, -ou). This was illustrated above and is further illustrated in the two examples below.

Examples: **Ao domingo, a Catarina compra *um bolo* e leva-*o* para casa.**
On Sundays, Catarina buys a cake and takes it home.

O Paulo comprou *uma rosa* e deu-*a* à namorada (dele).
Paulo bought a rose and gave it to his girlfriend.

However, these direct object pronouns suffer specific changes with other verb endings, creating the two variant forms described below.

1   The pronouns **-o**, **-a**, **-os** and **-as** are changed into **-lo**, **-la**, **-los** and **-las** if the verb conjugation takes the following endings:

a   **-ir, -s** and **-iz**
The consonants 'r', 's' and 'z' are dropped and the variant pronoun form applied.

Examples: **(Nós) vamos abr<u>ir</u> *uma loja* e queremos abri-*la* no sábado.**
We are going to open a shop and want to open it on Saturday.

(Tu) conhec<u>es</u> *a Joana* há muitos anos e conhece-*la* bem.
You've known Joana for many years and you know her well.

(Tu) compr<u>as</u> *o jornal* e compra-*lo* sem falta todos os dias.
You buy the newspaper and you buy it without fail every day.

(Nós) compram<u>os</u> *muitos livros* e compramo-*los* na mesma livraria.
We buy many books and we buy them at the same bookshop.

Ele d<u>iz</u> *muitas mentiras*, mas di-*las* com convicção.
He tells many lies, but he tells them with conviction.

b   **-ar** and **-az**
The consonants 'r' and 'z' are dropped, the variant pronoun form is applied, and the 'a' takes an acute accent in order to maintain the open sound of the vowel.

Examples: **(Eu) vou compr<u>ar</u> *um automóvel* e quero comprá-*lo* amanhã.**
I am going to buy an automobile and I want to buy it tomorrow.

A Cristina f<u>az</u> *sopa deliciosa* e fá-*la* sempre com legumes frescos.
Cristina makes delicious soup and always makes it with fresh vegetables.

Quando o Pedro vem cá, (ele) tr_az_ _os cães_ e trá-_los_ sem trela.
When Pedro comes over, he brings his dogs and brings them without a lead.

Eles vão convid_ar_ _a Ana e a irmã_, vão convid_á-las_ para jantar.
They're going to invite Ana and her sister, they're inviting them for dinner.

c **-er, -or** and **-ez**
The consonants 'r' and 'z' are dropped, the variant pronoun form is applied, and both 'e' and 'o' take a circumflex accent in order to maintain the closed sound of the vowel.

Examples: **(Tu) queres conhec_er_ _a diretora_ e vais conhec_ê-la_ para a semana.**
You want to meet the director and you're meeting her next week.

(Eu) vou v_er_ _três filmes_ e vou v_ê-los_ seguidos.
I'm going to watch three films and I'm watching them one after the other.

O João gosta de exp_or_ _ideias novas_ e consegue exp_ô-las_ claramente.
João likes to present new ideas and he can present them clearly.

Ela f_ez_ _um jantar especial;_ f_ê-lo_ por ser o aniversário do marido.
She cooked a special dinner; she did it as it was her husband's birthday.

But there are a few exceptions, as shown below.

Examples: **Ele quer _estes livros todos_, e quer_e-os_ hoje.**
He wants all of these books and he wants them today.

(Tu) tens _uma casa muito espaçosa_ e t_em-la_ muito bem decorada.
You have a very spacious home and you have it very well decorated.

When using auxiliary verbs – auxiliary verb plus infinitive – the pronoun should be hyphenated to the main verb, as shown above in the first example under points 1a, 1b and 1c. However, in colloquial Portuguese it is often hyphenated to the auxiliary, particularly when it helps to avoid variant forms.

Examples: **O João vai comprá-*lo* amanhã.**
João is going to buy it tomorrow.

O João vai-*o* comprar amanhã.

A Paula quer conhecê-*los* no fim-de-semana.
Paula wants to meet them at the weekend.

A Paula quer*e-os* conhecer no fim-de-semana.

2 The pronouns **-o**, **-a**, **-os** and **-as** are changed into **-no**, **-na**, **-nos** and **-nas** if
the verb ends in a nasal diphthong:

-am, **-em**, **-ão** or **-õe**

The variant pronoun form is hyphenated to the diphthong.

Examples: **Elas gastam *muito dinheiro*; gast*am-no* a comprar roupa.**
They spend a lot of money; they spend it buying clothes.

**(Vocês) compreendem *o problema* e compreend*em-no*
muito bem!**
You understand the problem and you understand it very well.

Elas propõem *várias soluções*; prop*õem-nas* aos diretores.
They propose several solutions; they propose them to the directors.

**Eles dão *muitas prendas* pelo Natal; d*ão-nas* a familiares e
amigos.**
They give out many presents at Christmas; they give them to
family and friends.

**Aos sete anos, o Paulinho já põe *a mesa* sozinho e p*õe-na*
muito bem.**
Aged seven, little Paulo already sets the table alone and does
it very well.

But please note that in the second person singular, the consonant 's' drops
and the pronoun changes to **-lo**, as above in 1a.

Example: **(Tu) põ*es* a louça na máquina; (tu) *põe-la* depois de cada
refeição.**
You place the crockery in the dishwasher; you place it after each
meal.

Exercise 1

Rewrite the sentences below by replacing the direct object (underlined) with the appropriate direct object pronoun.

1 O Pedro conhece <u>os amigos da esposa</u> muito bem.
2 (Tu) escreves <u>muitas cartas</u> à família.
3 Todas as semanas, o André leva <u>os avós</u> ao restaurante.
4 (Eu) vou enviar <u>um presente de aniversário</u> à Tatyana.
5 A tua avó faz <u>uma tarte de cereja deliciosa</u> todos os fins-de-semana.
6 Eles sabem <u>que o João vai para Lisboa</u> e estão tristes.
7 (Tu) ajudas <u>as pessoas idosas da tua rua</u> todas as semanas?
8 O meu amigo compõe <u>música clássica</u> principalmente quando está de férias.
9 O meu marido vai fazer <u>um jantar especial</u> no nosso aniversário.
10 Nós fazemos <u>o trabalho</u> hoje.

Exercise 2

Complete the following sentences by filling in the gaps with the correct direct object pronoun.

1 A minha tia compra <u>muitas jóias</u> e compra-_____ sempre na internet.
2 O José tem <u>dois sobrinhos</u> e visita-_____ regularmente.
3 As minhas filhas gostam muito <u>do avô</u>, aliás elas adoram-_____.
4 (Eu) adoro <u>música clássica</u>, ouço-_____ todas as noites.
5 (Eu) tenho de vender <u>este carro</u> e quero vendê-_____ depressa.
6 A Joana dá <u>bons conselhos</u> e dá-_____ a toda a gente.
7 (Nós) queremos apresentar-te <u>uns amigos</u>. Podemos levá-_____ a tua casa?
8 Os meus pais apreciam <u>vinho do Porto</u>, apreciam-_____ há muitos anos.
9 (Tu) atendes <u>muitos turistas</u> na tua loja e atende-_____ em língua estrangeira.
10 (Vocês) vêem <u>muitos turistas</u> e vêem-_____ sempre no verão.
11 Ela prefere usar <u>os transportes públicos</u> e usa-_____ todos os dias.
12 O teu <u>vestido novo</u> é muito lindo. Vais usá-_____ na tua festa?

Exercise 3

Complete the following narrative by filling in the gaps with the verb and pronoun units below.

  **lava-as fá-la estende-a tomá-lo o arruma põe-na come-a
  organiza-a lava-a prepara-a**

A Isabel mora num apartamento muito bonito e espaçoso no centro de uma cidade pequena no norte de Portugal. Como trabalha de segunda a sexta-feira, ela só _____ (1) ao sábado. (Ela) começa por meter a roupa na máquina de lavar. Enquanto a máquina trabalha, a Isabel trata de lavar as janelas e _____ (2) meticulosamente; depois lava a casa-de-banho, _____ (3) de cima a baixo: o espelho, os azulejos, o lavatório, o bidé, a sanita, a banheira, o chuveiro e o chão. (Ela) _____ (4) a brilhar. A seguir arruma o quarto e a sala. Faz a cama, _____ (5) com lençóis lavados, limpa o pó aos móveis e aspira o chão. A sala dá mais trabalho, pois tem os vestígios da noite anterior e da visita dos seus amigos. A Isabel _____ (6) e depois faz um pequeno intervalo. (Ela) faz um café e senta-se na sala a _____ (7). Quando (ela) termina, (ela) tira a roupa lavada da máquina e _____ (8) na lavandaria. Entretanto, são horas de preparar o almoço e a Isabel decide fazer uma salada de frango. (Ela) _____ (9) com muito gosto e _____ (10) acompanhada de pão fresco e sumo de laranja.

Exercise 4

Complete the sentences below by replacing the direct object (underlined) with the appropriate direct object pronoun and placing it in the correct position: before or after the verb.

1 (Tu) compras todos os livros na internet, portanto não _____ compras _____ na livraria.
2 (Eu) falo com os meus pais todos os dias, mas só _____ vejo _____ ao fim-de-semana.
3 O Eugénio lê muitos livros de ficção científica, mas o Hernâni nunca _____ lê _____.
4 "(O senhor) toma o chá agora ou _____ toma _____ mais tarde?"
5 A minha mãe compra as prendas de Natal em outubro. Eu só _____ compro _____ em dezembro.
6 O Pedro está a vender a casa. (Tu) sabes quem _____ compra _____?
7 A minha esposa ajuda-me em tudo, porque _____ adora _____.
8 O teu filho usa o computador para estudar, mas também _____ usa _____ para lazer.
9 O professor quer respostas corretas, mas nenhum aluno _____ dá _____.
10 "Paula, (você) conhece o Francisco?"
"Sim, _____ conheço _____ muito bem."
11 A minha mãe compra muita fruta, mas ninguém _____ come _____.
12 "(Você) traz sempre camisas lindas. Onde _____ encontra _____?"

Exercise 5

Complete the following narrative by conjugating the verbs in brackets with the appropriate direct object pronoun, taking into account that the latter may come before or after the verb.

Em Portugal produzem-se dois vinhos fortificados: o vinho do Porto e o vinho da Madeira.

Várias companhias vinículas produzem o vinho do Porto na região do Douro, no norte de Portugal continental, e depois _____ (1) (transportar) para a cidade de Vila Nova de Gaia, junto ao Porto, onde _____ (2) (armazenar) em barris nas suas caves. Hoje-em-dia, já não _____ (3) (transportar) pelo Rio Douro nas barcas típicas, como faziam antigamente. Estas barcas são muito bonitas e por isso as companhias agora _____ (4) (expôr) no rio apenas para efeitos turísticos.

As companhias especializadas em vinho da Madeira _____ (5) (produzir) no arquipélago da Madeira e _____ (6) (vender) por todo o mundo há vários séculos, desde os tempos em que os portugueses navegavam os mares. Assim como o vinho do Porto, também _____ (7) (armazenar) em barris de madeira e _____ (8) (proteger) do calor em caves com temperaturas reguladas.

Estes dois vinhos são conhecidos mundialmente. Portugal _____ (9) (exportar) para uma grande variedade de países. As caves onde são armazenados, em Vila Nova de Gaia e na Madeira, são também atrações turísticas e milhares de visitantes portugueses e estrangeiros _____ (10) (visitar) todos os anos.

Key vocabulary for Unit 12

a brilhar	shining
a seguir	afterwards
acompanhado (m.)	accompanied
adorar	to adore
ano passado	last year
antigamente	in the old days
apenas	only
apresentar	to present
armazenados (m. pl.)	stored
armazenar	to store
arrumar	to put away, to tidy up
aspirar	to hoover, to vacuum
assim como	such as
atender clientes	to serve customers

atrações (f. pl.)	attractions
azulejos (m. pl.)	wall tiles
banheira (f.)	bath
barcas típicas (f. pl.)	typical boats
barris (m. pl.)	barrels
bidé (m.)	bidet
cama (f.)	bed
casa-de-banho (f.)	bathroom
caves (f. pl.)	wine cellars
cereja (f.)	cherry
chatear	annoy
chuveiro (m.)	shower
claramente	clearly
cofre (m.)	safe
com atenção	attentively, with attention
com convicção	with conviction
com gosto	with pleasure
companhias vinícolas (f. pl.)	wine producers
conselhos (m. pl.)	advice
de cima a baixo	from top to bottom
desde jovens	since they were young
efeitos turísticos (m. pl.)	tourism purposes
encontrar	to meet
enquanto	while
entretanto	in the meantime
espaçoso (m.)	spacious
espalhados (m. pl.)	spread out
especializadas (f. pl.)	specialised
estar em apuros	to be in trouble
exportar	to export
ficção científica (f.)	science fiction
frango (m.)	chicken
ideias (f. pl.)	ideas
laranja (f.)	orange
lavado (m.)	washed
lavandaria (f.)	laundry
lavatório (m.)	washbasin
legendas (f. pl.)	subtitles
lençóis (m. pl.)	bed sheets
limpar o pó	to dust
madeira (f.)	wood
mais tarde	later
máquina de lavar (f.)	washing machine
meticulosamente	meticulously

móveis (m. pl.)	furniture
mundialmente	worldwide
navegavam	they sailed
ontem	yesterday
preparar	to prepare
proteger	to protect
receber	to receive
respetivamente	respectively
rosa (f.)	rose
salada (f.)	salad
sanita (f.)	toilet
sem ≠ com	without ≠ with
sem falta	without fail
sem vontade	unwillingly
soluções (f. pl.)	solutions
sopa (f.)	soup
sozinho (m.)	alone
tarte (f.)	tart
terminar	to end, finish
terras novas (f. pl.)	new land
todo o dia	all day
tomar	to take, to have
touradas (f. pl.)	bull fighting
transportar	to transport
trela (f.)	dog's lead
uvas (f. pl.)	grapes
vestígios (m. pl.)	evidence, traces
vinho (m.)	wine
vinhos fortificados (m. pl.)	fortified wines
visita (f.)	visit

UNIT 13

Indirect object pronouns and their contraction with direct object pronouns

As seen in the previous unit, a sentence in Portuguese is typically made up of the subject, the verb, the direct object and the indirect object, in this order, as shown below.

Example: **A Catarina faz um favor ao Pedro.**
Catarina does a favour to Pedro *or* Catarina does Pedro a favour.

In the sentence above **a Catarina** is the subject, **faz** is the verb, **um favor** is the direct object and **ao Pedro** is the indirect object.

The subject, the direct object and the indirect object can be replaced with pronouns, namely a subject pronoun, a direct object pronoun and an indirect object pronoun.

In this unit we will focus on indirect object pronouns – their form, position in the sentence, and contraction with direct object pronouns.

Portuguese indirect object pronouns are:

1st person singular	**me**	(to) me
2nd person singular	**te**	(to) you (familiar form)
3rd person singular	**lhe**	(to) you (polite form), him, her
1st person plural	**nos**	(to) us
3rd person plural	**lhes**	(to) you (polite form), them

Position of the indirect object pronoun

As you will see below, the position in a sentence of the indirect object pronoun follows similar rules to those for the direct object pronoun.

The indirect object pronoun usually follows the verb and it is linked to it by a hyphen.

Examples: **A Filipa dá-*me* muitas canetas.**
Filipa gives me many pens.

(Eles) dão-*te* muito pouco carinho.
They give you very little love.

O Pedro precisa de orientação e o pai dá-*lhe* bons conselhos.
Pedro needs guidance and his father gives him good advice.

(Eu) adoro a minha afilhada e dou-*lhe* muita atenção.
I love my goddaughter and give/pay her much attention.

Sr João, ofereço-*lhe* um desconto de dez por cento.
Mr João, I offer you a ten per cent discount.

A minha tia vende-*nos* o carro dela muito barato.
My aunt sells us her car very cheaply.

Eles gostam de coisas doces e tu ofereces-*lhes* sempre chocolates.
They like sweet things and you always offer them chocolates.

Sempre que visito as minhas netas levo-*lhes* artigos portugueses.
Whenever I visit my granddaughters I take Portuguese products
for them.

Senhoras e senhores, apresento-*lhes* a minha equipa de trabalho.
Ladies and gentlemen, I ('d like to) introduce to you my work team.

The indirect object pronoun will also precede the verb in negative statements,
in questions using interrogatives, after conjunctions, adverbs, certain adjectives
and pronouns.

Examples: **A Filipa *nunca me* dá canetas (nenhumas).**
Filipa never gives me (any) pens.

Quem te compra o material escolar?
Who buys your school materials (for you)?

**Já que (tu) lhes levas artigos nacionais, então leva pastéis
de nata.**
Since you're taking national products for them, then take
pastéis de nata.

Contraction of the indirect and direct object pronouns

When replacing both the indirect object and the direct object in a sentence, the respective pronouns will contract. In this case, the indirect object pronoun will precede the direct object pronoun.

Examples: **O José dá-*me* a maçã.**
José gives me the apple.

O José dá-*ma*.
José gives me it/gives it to me.

Joana, a Catarina faz-*te* muitos recados ao sábado?
Joana, does Catarina do a lot of errands for you on Saturdays?

Joana, a Catarina faz-*tos* ao sábado?
Joana, does Catarina do them for you on Saturdays?

O Pedro oferece-*lhe* sempre flores invulgares.
Pedro always gives her unusual flowers.

O Pedro oferece-*lhas* sempre.
Pedro always gives them to her.

Using similar examples, the table below illustrates the contraction of the full set of indirect and direct object pronouns.

1st person singular	dá-me a maçã	dá-**ma**	gives it to me
	dá-me as maçãs	dá-**mas**	gives them to me
	dá-me o carro	dá-**mo**	gives it to me
	dá-me os carros	dá-**mos**	gives them to me
2nd person singular	dá-te a maçã	dá-**ta**	gives it to you
	dá-te as maçãs	dá-**tas**	gives them to you
	dá-te o carro	dá-**to**	gives it to you
	dá-te os carros	dá-**tos**	gives them to you
3rd person singular	dá-lhe a maçã	dá-**lha**	gives it to you (polite)/him/her
	dá-lhe as maçãs	dá-**lhas**	gives them to you (polite)/him/her
	dá-lhe o carro	dá-**lho**	gives it to you (polite)/him/her
	dá-lhe os carros	dá-**lhos**	gives them to you (polite)/him/her
1st person plural	dá-nos a maçã	dá-**no-la***	gives it to us
	dá-nos as maçãs	dá-**no-las**	gives them to us
	dá-nos o carro	dá-**no-lo**	gives it to us
	dá-nos os carros	dá-**no-los**	gives them to us
3rd person plural	dá-lhes a maçã	dá-**lha**	gives it to you (polite plural)/them
	dá-lhes as maçãs	dá-**lhas**	gives them to you (polite plural)/them
	dá-lhes o carro	dá-**lho**	gives it to you (polite plural)/them
	dá-lhes os carros	dá-**lhos**	gives them to you (polite plural)/them

Note: *As the first person plural indirect object pronoun ends in 's', this consonant drops and the pronouns **-o**, **-a**, **-os**, **-as** are changed into **-lo**, **-la**, **-los**, **-las** and are hyphenated to the indirect object pronoun, as further illustrated below.

Examples: **Os nossos pais dão-*nos* <u>prendas ótimas</u>, mas dão-<u>*no-las*</u> só no Natal.**
Our parents give us great presents, but give them to us only at Christmas.

A professora diz-*nos* <u>o que sai no teste</u>, mas diz-<u>*no-lo*</u> indiretamente.
Our teacher tells us what'll be in the test, but she tells it to us indirectly.

but

O pai empresta-*nos* <u>o carro</u>, mas *nunca <u>no-lo</u>* empresta à noite.
Father lends us his car, but never lends it to us at night.

A tia compra-*nos* <u>muita roupa</u>, mas *só <u>no-la</u>* compra na feira.
Aunty buys us a lot of clothing, but only buys it for us at the market.

Exercise 1

Rewrite the sentences below by replacing the indirect object (underlined) with the appropriate indirect object pronoun.

1 O meu pai vai oferecer jóias <u>à minha mãe</u> pelo Natal.
2 O diretor diz sempre <u>aos funcionários</u> que merecem um aumento.
3 O teu irmão vai vender o carro <u>a um amigo do Porto</u>.
4 A Catarina faz muitos favores <u>à vizinha dela</u>.
5 O Eugénio traz presentes <u>para nós</u> sempre que vai ao estrangeiro.
6 Todos os meses, a D. Josefa dá roupa nova <u>às netas</u>.
7 O João lê histórias <u>à filha dele</u> antes de ela adormecer.
8 O chefe faz uma apresentação <u>aos nossos novos clientes</u>.
9 "A tia Isabel compra muitos brinquedos <u>para vocês, meninos</u>."
10 O Mário ensina muitos truques <u>ao cão dele</u>.

Exercise 2

Rewrite the sentences below by replacing the direct object (underlined) with the appropriate direct object pronoun and by contracting it with the indirect object pronoun. Use the example provided as a guide.

Example: O meu marido dá-me sempre <u>perfumes caríssimos</u> pelo meu aniversário.
   O meu marido dá-*mos* sempre pelo meu aniversário.

1 (Eu) digo-te sempre <u>isso</u>.
2 A Joaquina dá-nos <u>as prendas</u> na véspera de Natal.
3 O Sr José nunca lhes dá <u>um desconto</u> na loja dele.
4 "Bom dia D. Josefina, (eu) depois levo-lhe <u>esta encomenda</u> a casa."
5 A minha filha entrega-me <u>os relatórios da escola</u> para eu assinar.
6 O nosso neto faz-nos <u>as compras essenciais</u> todas as semanas.
7 O neto deles leva-lhes <u>pão fresco</u> a casa todos os dias.
8 Os teus filhos limpam-te <u>a casa</u> quando (tu) não tens tempo.
9 "Vocês não têm dinheiro, por isso (eu) empresto-lhes <u>algum</u> para comprar comida."
10 (Eu) encomendo pela internet e o meu supermercado traz-me <u>as compras</u> a casa.

Exercise 3

Rewrite the sentences below using the words in brackets. Use the examples provided as a guide.

Examples: Eles dão-me bons conselhos. (também)
   Eles *também me* dão bons conselhos.

   O meu marido dá-*mos* pelo meu aniversário. (nunca)
   O meu marido *nunca mos* dá pelo meu aniversário.

1 Ela leva-to amanhã. (não)
2 (Tu) levas-lhas a casa. (também)
3 Vocês dizem-lhe a verdade. (nunca)
4 O Pedro lê-lhe histórias tradicionais. (só)
5 O meu pai autoriza-me a sair todas as noites. (não)
6 A prima da Ana telefona-lhe todas as manhãs. (também)
7 A minha afilhada envia-me fotos para o telemóvel. (nem)
8 (Tu) dás-no-las hoje à noite. (só)
9 (Ela) fala-lhes todos os dias. (também)
10 (Eu) pergunto-lhe o que ela precisa à segunda-feira. (só)

Exercise 4

Rewrite the sentences below by replacing the underlined sections with the elements in brackets. Please ensure you apply any necessary changes to the position of the pronoun. Use the examples provided as a guide.

Examples: Ela dá-me bons conselhos. (ninguém)
Ninguém me dá bons conselhos.

A minha esposa dá-*mas* pelo meu aniversário. (quem . . . ?)
Quem mas dá pelo meu aniversário?

1 Amanhã eles levam-te ao aeroporto? (quando é que . . .)
2 O meu pai autoriza-me a ir ao cinema logo à noite. (eu acho que ele . . .)
3 Você diz-lhe a verdade. (ninguém)
4 A avó escreve-nos muitas cartas. (quem é que . . . ?)
5 Os alunos compreendem-te perfeitamente. (todos)
6 Só ao sábado é que a Filipa me telefona para dar notícias. (em que dia . . . ?)
7 Ninguém te envia cartas agora. (alguém . . . ?)
8 O Pedro dá-no-las no fim-de-semana. (quem . . . ?)
9 A Maria faz-lhes muitos favores. (ela ainda . . . ?)
10 À terça-feira (eu) empresto-lhes o meu automóvel. (nunca)

Exercise 5

Translate the following sentences into Portuguese.

1 I send her a present.
2 He buys me flowers every Saturday.
3 I give them (Peter and Paul) lunch every Tuesday.
4 He sells us fresh bread every morning.
5 He never introduces her to anyone.
6 You (**você**) don't give them chocolates.
7 The teacher explains everything to us.
8 Isabel telephones me on Sunday night.
9 Pedro's girlfriend gives them (the keys) to him when they go out.
10 We always tell them (the girls) the truth.

Exercise 6

Complete the sentences below by writing in the appropriate direct or indirect object pronoun for the underlined section. Enter it into the correct gap, before or after the verb.

1 <u>Luís de Camões</u> é um poeta português do século XVI e autor dos poemas épicos *Os Lusíadas*. Todos _____ consideram _____ o maior poeta de língua portuguesa.
2 <u>Este poeta português</u> é muito admirado. Muitos _____ comparam _____ a grandes poetas estrangeiros como Shakespeare e Dante e a história da literatura portuguesa _____ reserva _____ um lugar especial.
3 <u>A sua obra *Os Lusíadas*</u> é muito famosa e, em grande parte, Camões _____ escreve _____ no Oriente mas só _____ finaliza _____ mais tarde quando regressa a Lisboa.
4 <u>Luís de Camões</u> apresenta *Os Lusíadas* ao Rei D. Sebastião, que _____ oferece _____ uma pensão.
5 Conta a lenda que durante uma viagem Camões sofre um naufrágio e <u>a sua amante</u> morre afogada, porque ele não _____ dá _____ ajuda, prefere salvar a obra.
6 Na sua obra *Os Lusíadas*, o poeta conta a história do povo lusíada, ou seja <u>dos portugueses</u>, e dos seus desafios e conquistas ultramarinas, portanto _____ dedica _____ estes poemas épicos.

Key vocabulary for Unit 13

adormecer	to fall asleep
afilhada (f.)	goddaughter
amanhã	tomorrow
amante (m./f.)	lover
antes de	before
apresentação (f.)	presentation
assinar	to sign
aumento (m.)	raise
autor (m.)	author
boleia (f.)	lift – to give someone a lift
coleção (f.)	collection
comida (f.)	food
considerar	to consider
conta a lenda	according to legend
conquistas (f. pl.)	conquests

desafios (m. pl.)	challenges
desconto (m.)	discount
diretor (m.)	director
em grande parte	mostly
encomenda (f.)	order, parcel
essenciais (m./f. pl.)	essential
favores (m. pl.)	favours
finalizar	to finish
fotos (f. pl.)	photos
funcionários (m. pl.)	staff
lenda (f.)	legend
lusíada (f.)	Lusiad
morre afogada	drowns
naufrágio (m.)	shipwreck
nova (f.)	new, young
oferece	offers
pensão (f.)	pension
poemas épicos (m. pl.)	epic poems
poeta (m./f.)	poet
publicação (f.)	publication
sempre que	whenever
sonetos (m. pl.)	sonnets
supermercado (m.)	supermarket
todas as manhãs	every morning
todos os meses	every month
truques (m. pl.)	tricks
véspera de Natal (f.)	Christmas Eve

UNIT 14
Reflexive pronouns and verbs

You will find that Portuguese uses reflexive verbs more extensively than English.

In the reflexive voice, the verb comes with a pronoun which acts as direct object and represents the same person as the subject.

Examples: **Eu lavo-*me*.**   **Ela levanta-*se* cedo.**
I wash myself/I have a wash.   She gets up early.

Reflexive verbs can also be used to describe reciprocal actions, i.e. a mutual action between two or more subjects. In this case they can be supplemented with **um ao outro, uma à outra** or **uns aos outros** for clarity.

Examples: **Eles vêem-se regularmente.**
They can be seen regularly.*
They see each other regularly.

Eles vêem-se *um ao outro* regularmente.
They see each other regularly.

Nós apresentamo-nos.
We introduce ourselves.
We introduce each other.

Nós apresentamo-nos *um ao outro*.
We introduce each other.

Note: *The third person pronoun **se** can also be used to relate to an unspecified subject or in adverts:

Examples: **No verão vai-se à praia.**
In the summer one goes/people go to the beach.

Vende-se.
For sale.

Vendem-se carros.
Cars for sale.

In the last example **carros** is the subject of the verb, hence the verb being conjugated in the plural. In colloquial use the singular is often applied as well.

Portuguese reflexive pronouns are:

1st person singular	**me**	myself
2nd person singular	**te**	yourself (familiar)
3rd person singular	**se**	yourself (polite), him/herself
1st person plural	**nos**	ourselves
3rd person plural	**se**	yourselves (polite, plural), themselves

Position of the reflexive pronoun

As with direct and indirect object pronouns, the reflexive pronoun usually follows the verb and it is linked to it by a hyphen, as illustrated below.

Examples: **Eu sento-*me* poucas vezes durante o dia.**
I sit down very few times during the day.

(Tu) levantas-*te* às sete e meia todas as manhãs.
You get up at seven-thirty every morning.

O Pedro sente-*se* muito cansado hoje.
Pedro feels very tired today.

(Você) chama-*se* Joana?
Are you called Joana?

(Nós) deitamo-*nos* muito tarde à sexta-feira.
We go to bed very late on Fridays.

Os idosos lembram-*se* melhor dos tempos antigos.
The elderly remember the old days better.

As gémeas vestem-*se* com roupa igual.
The twin(s) (sisters) wear the same clothes.

(Vocês) esquecem-*se* de tudo!
You forget everything.

As with direct and indirect object pronouns, the reflexive pronoun will also precede the verb in negative statements, in questions using interrogatives, after conjunctions, adverbs, certain adjectives and pronouns.

Examples: **Ela nunca *se* lembra do João.**
She never remembers João.

Como (é que tu) *te* chamas?
What are you called?

A que horas (é que tu) *te* levantas?
At what time do you get up?

Nenhum de vocês *se* levanta cedo ao domingo.
None of you gets up early on Sunday.

The most commonly used reflexive verbs are:

aborrecer-se	to get bored
achar-se	to find oneself
apaixonar-se	to fall in love
arrepender-se	to regret
barbear-se	to shave
chamar-se	to be called
chatear-se	to get annoyed with
comprometer-se	to commit
culpar-se	to blame oneself
deitar-se	to lie down; to go to bed
desculpar-se	to apologise; to forgive
despedir-se	to say goodbye; to resign
despir-se	to undress
encantar-se	to be enchanted with
enganar-se	to make a mistake
esquecer-se	to forget
interrogar-se	to ask oneself; to question
irritar-se	to get irritated
lavar-se	to wash
lembrar-se	to remember
levantar-se	to stand up; to get up
magoar-se	to hurt oneself
ofender-se	to be offended
pentear-se	to comb one's hair
preparar-se	to prepare oneself, get ready
repetir-se	to repeat oneself
rir-se	to laugh
secar-se	to dry up
sentar-se	to sit down
sentir-se	to feel
ver-se	to see oneself
vestir-se	to dress
voltar-se	to turn
zangar-se	to get angry

Exercise 1

Complete the following sentences below by filling in the gaps with the correct verb and pronoun unit below.

**ofendes-te   zanga-se   se vê   deitam-se   veste-se   me sinto
acha-se   comprometes-te   despede-se   interrogam-se   penteio-me
aborrecemo-nos**

1 (Eu) _____ de manhã e também à noite antes de ir para a cama.
2 As crianças _____ mais cedo que os adultos.
3 A diretora _____ de toda a equipa antes de sair.
4 (Tu) _____ com tudo.
5 Nós _____ quando ficamos sozinhos em casa.
6 Muitas pessoas _____ sobre o futuro.
7 Hoje (eu) vou para a cama mais cedo, porque _____ muito cansada.
8 O José _____ com todos os colegas sem razão.
9 A Paula _____ de forma antiquada.
10 Aquela aluna _____ muito esperta e sabe menos que os outros alunos.
11 Cada vez que a D. Joaquina _____ ao espelho, acha-se mais velha.
12 (Tu) _____ com demasiados projetos e por isso trabalhas demais.

Exercise 2

Identify the phrases featuring reflexive pronouns in the list below:

1 Ela não sabe se vai trabalhar.
2 O Pedro não se levanta cedo.
3 Nós conhecemo-lo bem.
4 Eles sabem-no melhor.
5 Eu sinto-me bem.
6 Eu sento-me nesta cadeira.
7 Elas penteiam-se de manhã.
8 Eu não me rio muito.
9 Eles lavam-se frequentemente.
10 Elas levam-nas frequentemente.
11 Tu interrogas-te muito.
12 Ela diz-lhe tudo.
13 Vocês não se lembram?
14 Vocês não o libertam?
15 Ela despede-se.
16 Ela despede-o.

Exercise 3

Build sentences by placing in the correct order the elements provided.

1 zanga / a Joana / se / nunca
2 a / ela / pentear-se / está sempre
3 uns / os políticos / enganam-se / outros / aos
4 a luz / apagar / lembra / ninguém / se / de
5 chamam / como / aquelas senhoras? / se
6 eu / tomar / visto-me / o pequeno-almoço / depois de
7 muito / eles / esquecer-se de / estão a / algo / importante
8 a Manuela / homens / sempre / apaixona-se / por / maus
9 casa / vemo-nos / nós / em
10 lava / nunca / a mãe / com água fria / se

Exercise 4

Complete the sentences below by placing the reflexive pronoun in the correct
position: before or after the verb.

1 (Tu) nunca _____ sentas _____ nesta cadeira.
2 (Eu) _____ aborreço _____ quando não tenho nada para fazer.
3 O Eugénio _____ chateia _____ facilmente.
4 (O senhor) também _____ irrita _____ com o Francisco?
5 Quem _____ lembra _____ da Joana?
6 O Pedro _____ sente _____ cansado de tanto trabalho.
7 Eles _____ enganam _____ um ao outro.
8 A Paula _____ encanta _____ com todos os gatinhos que vê.
9 (Nós) não _____ achamos _____ muito inteligentes.
10 O Pedrinho já _____ veste _____ sozinho.
11 Vocês são muito desastrados e _____ magoam _____ muitas vezes.
12 Ninguém _____ engana _____ tantas vezes como tu!

Exercise 5

Build a story by placing the phrases below in the correct order.

1 Sento-me à mesa e tomo o pequeno-almoço enquanto ouço o noticiário das oito.
2 escritório: os óculos, o telemóvel, o computador e algo para almoçar.
3 isso acontece, irrito-me bastante e durante o dia sinto-me desorientada.
4 Quando (eu) termino, levanto-me e preparo as coisas que tenho de levar
para o

5 visto-me, penteio-me e depois preparo o pequeno-almoço.
6 Infelizmente, algumas vezes esqueço-me dos óculos ou do telemóvel. Quando
7 Eu levanto-me às sete horas, lavo-me,
8 Às vezes irrito-me com as notícias, porque acontecem muitas desgraças.

Exercise 6

Complete the following text by conjugating the reflexive verbs in brackets with the reflexive pronoun, taking into account the position of the pronoun, before or after the verb.

O fado é a canção mais típica de Portugal. O fado é conhecido internacional-mente e os portugueses _____ (1) (orgulhar-se) disso. Há essencialmente dois tipos de fado, o fado tradicional, ou Fado de Lisboa, e o Fado de Coimbra. Este último está ligado às tradicões académicas da Universidade de Coimbra e é tipicamente cantado por homens. O fadista _____ (2) (vestir-se) de preto com o traje académico: fato preto e capa preta.
    O Fado de Lisboa é cantado tanto por homens como mulheres. Os fadistas _____ (3) (vestir-se) com um fato normal e as fadistas _____ (4) (apresentar-se) com um traje elegante. Algumas fadistas tradicionais _____ (5) (adornar-se) com um xaile típico, enquanto outras _____ (6) (vestir-se) de preto.
    Um fadista _____ (7) (acompanhar-se) de dois instrumentos de corda, a guitarra portuguesa e a viola (guitarra clássica). A guitarra portuguesa não _____ (8) (parecer-se) nada com a guitarra clássica, o seu formato é diferente, tem doze cordas e um som muito caraterístico.
    A fadista mais famosa de todos os tempos _____ (9) (chamar-se) Amália Rodrigues e viveu no século XX. A nova geração de fadistas, como a Mariza, modernizaram o fado, atraindo novas audiências.

Key vocabulary for Unit 14

acompanhar-se de	to be accompanied by
adornar-se com	to accessorize
adultos (m. pl.)	adults
algumas vezes	sometimes
atraindo	attracting
audiências (f. pl.)	audiences
cada vez que	each time that
cansada (f.)	tired
colegas (m./f. pl.)	colleagues
contraste (m.)	contrast

cordas (f. pl.)	strings
de forma antiquada	in an old-fashioned way
de todos os tempos	of all times
desastrados (m. pl.)	clumsy
desgraças (f. pl.)	miseries, disasters
desorientada (f.)	disoriented
enquanto	while
espelho (m.)	mirror
esperta (f.)	clever
estado (m.)	the state
fadista (m./f.)	*Fado* singer
formato (m.)	design
futuro (m.)	future
gatinhos (m. pl.)	kitten
geração (f.)	generation
guitarra (f.)	guitar
marítima (f.)	maritime
modernizar	to modernize
nação (f.)	nation
negar	to deny, refuse
notícias (f. pl.)	news
orgulhar-se de	to be proud of
parecer-se com	to resemble
projetos (m. pl.)	projects
restantes (m./f. pl.)	remainder
se	if
sem razão	without reason
som (m.)	sound
tantas vezes	so often
tradições académicas (f. pl.)	academic traditions
traje académico (m.)	traditional academic outfit
viveu	lived
xaile (m.)	shawl

UNIT 15
Possessive pronouns and adjectives

In Portuguese, unlike English, possessives agree in gender and in number with the possessed object. As illustrated below, the possessive is usually placed before the noun and agrees in gender and number with it.

Examples: **O *meu* automóvel é muito velho.**
My automobile is very old.

As *minhas* irmãs moram no estrangeiro.
My sisters live abroad.

It can also appear after the verb, but still agrees in gender and number with the noun.

Examples: **O automóvel velho é *meu*.**
The old automobile is mine.

Estas flores são *minhas*.
These flowers are mine.

The Portuguese possessive pronouns are:

1st person singular	**meu, minha, meus minhas**	my, mine
2nd person singular	**teu, tua, teus, tuas**	your, yours (familiar)
3rd person singular	**seu, sua, seus, suas**	your(s) (polite), his, her, hers, its
1st person plural	**nosso, nossa, nossos, nossas**	our, ours
2nd person plural	**vosso, vossa, vossos, vossas**	you, yours
3rd person plural	**seu, sua, seus, suas**	your(s) (polite plural), their, theirs

As seen in Unit 4, the second person plural has fallen out of use in recent years in most parts of the country, being replaced by the third person form **vocês**. However, the possessive pronoun is still used in relation to the subject pronoun **vocês**.

Examples: **Vocês têm um apartamento muito grande.**
You have a very large flat.

O *vosso* apartamento é muito grande.
Your flat is very large.

Este apartamento é *vosso*?
Is this flat yours?

The third person possessive pronoun is the same for third person singular and plural, irrespective of the subject it relates to, **ele(s)**, **ela(s)** or **você**, **o(s) senhor(es)**, **a(s) senhora(s)**, and this can lead to ambiguity.

Example: **A Cristina tem um cão muito giro e o Paulo tem um cão grande.**
Cristina has a very cute dog and Paul has a huge dog.

O *seu* cão chama-se Gizmo.
Whose dog are we talking about?

For clarity, the pronoun is often replaced with the possessive phrase made up of the contracted form of the preposition **de** with the third person subject pronoun:

de + ele = *dele*   **de + ela** = *dela*   **de + eles** = *deles*   **de + elas** = *delas*

This possessive phrase is placed after the possessed object, but agrees in gender and number with the subject.

Example: **A Cristina tem um cão muito giro e o Paulo tem um cão grande.**
Cristina has a very cute dog and Paul has a huge dog.

O cão *dela* chama-se Gizmo.
Her dog is called Gizmo.

Omitting the pronoun

The possessive pronoun is usually omitted, and the definite article used, when it is clear who possesses what. This is particularly the case when referring to parts of the body, clothing and footwear.

Examples: **(Eu) vou cortar *o* cabelo.**
I'm going to have my hair cut.

Doem-me *as* costas.
My back hurts.

Ela não diz nada *à* irmã.
She doesn't tell her sister anything.

(Eu) vou calçar *os* sapatos e já saio.
I'm going to put my shoes on and will be out shortly.

Exercise 1

Complete the following sentences with the correct possessive to clarify family relationships.

1 A minha irmã tem um filho que se chama João. Ele é _____ sobrinho.
2 Eu tenho duas filhas e portanto o meu irmão é tio _____.
3 As irmãs da tua mãe são _____ tias.
4 O pai do nosso pai é _____ avô paterno.
5 A filha do meu irmão é _____ sobrinha.
6 O José tem uma tia. Ela é irmã do pai _____.
7 A D. Idalina gosta muito dos _____ genros, mas o preferido _____ é o que está casado com a filha mais nova.
8 O irmão da Filipa é casado. A _____ esposa é cunhada da Filipa.
9 O Sr Francisco tem quatro netos e duas netas. A _____ neta mais nova já tem trinta anos.
10 Os pais do marido da Josefina são sogros _____.
11 As filhas da minha tia são _____ primas.
12 Os filhos do teu tio são _____ primos.

Exercise 2

Rewrite the sentences below by matching the possessive pronoun with the subject pronoun in brackets. Use the example provided as a guide.

Examples: A minha tia é médica. (tu)
            A tua tia é médica.

1 A irmã dele é professora. (eu)
2 O vosso avô tem oitenta anos. (ele)
3 Os livros de gramática portuguesa são meus. (nós)
4 A tua prima é muito simpática. (você)
5 Os nossos amigos moram muito longe. (tu)
6 O empregado dela trabalha muito. (vocês)
7 A tua vizinha não é de confiança. (eles)

8 O telemóvel que está na mesa é dele. (você)
9 Os nossos primos são muito ricos. (ele)
10 O teu tio está a viajar por todo o mundo. (vocês)
11 A minha sobrinha nunca vem a Portugal. (vocês)
12 As nossas amigas já sabem dizer algumas coisas em português. (tu)

Exercise 3

Complete the following dialogue by filling in the gaps with the correct possessive below. (Some are used more than once.)

minha   nosso   teu   teus   seu   tua   meu   nossa   meus   dela   dele

Ana   Olá Pedro. Já não te vejo há tanto tempo . . . Como estás?
Pedro   Estou ótimo, Ana. E tu? Ainda moras com os _____ (1) pais?
Ana   Já não. Eu agora moro com o _____ (2) marido. Estou casada já faz dezoito meses.
Pedro   Que maravilha. Realmente estás com um ar radiante.
Ana   Muito obrigada. E a _____ (3) família como está? Já não vejo o _____ (4) pai há muito tempo.
Pedro   A _____ (5) família está bem, felizmente. O _____ (6) pai viaja muito para a empresa _____ (7) e por isso passa muito tempo fora. E os _____ (8) pais também continuam bem?
Ana   Sim, estão ótimos. Vão ser avós, por isso estão bastante felizes . . . A _____ (9) cunhada vai ter um bebé para o próximo mês e eu vou ter um daqui a seis meses, se tudo correr bem . . .
Pedro   Que bom! Fico mesmo feliz por vocês! Agora percebo o _____ (10) ar radiante! . . . A _____ (11) cunhada é esposa do Rui ou do Mário?
Ana   É a esposa do Rui. Ela vai ter um rapaz e vai ser o _____ (12) primeiro filho. Os pais _____ (13) estão muito contentes, pois só têm netas. E tu, estás casado?
Pedro   Não, mas vivo com a _____ (14) namorada e estamos a pensar em casar para o ano que vem, em setembro. É o _____ (15) mês preferido.
Ana   Os _____ (16) parabéns! Espero que nos enviem um convite . . . Está aqui a _____ (17) morada. Mas antes disso, têm de vir lá a nossa casa jantar.
Pedro   Fica assim combinado! Tens aqui o _____ (18) cartão com o nosso endereço atual. E temos de nos manter em contacto.
Ana   Claro que sim. Até breve.
Pedro   Adeusinho.

Exercise 4

Translate the following sentences into Portuguese.

1 The blue shirts are mine.
2 My blue shirts are a present from my mother.
3 What is your (**você**) brother's name?
4 The old car is ours.
5 Our daughter is studying in Scotland.
6 His house is very large and very modern.
7 Her youngest grandson is two years old.
8 Jessica is my friend.
9 Our father is rich but he isn't a millionaire.
10 My job is very difficult.
11 Your (**tu**) house is in the countryside.
12 Your (**vocês**) dogs run very fast.

Exercise 5

Complete the following text with the appropriate possessive.

Desde o século XIII que Portugal tem como _____ (1) capital a cidade de Lisboa. Nesse século, a população _____ (2) revela-se cinco vezes maior do que a de qualquer outra cidade portuguesa. Como capital de um país em crescimento, esta cidade transforma-se no _____ (3) centro económico, social, político e cultural. A _____ (4) posição geográfica favorece a _____ (5) escolha como capital do reino, pois fica sensivelmente a meio do país e situa-se junto ao mar. O _____ (6) porto é o melhor do território e o _____ (7) interior é rico em água, pedreiras e minas e, para além disso, os _____ (8) recursos alimentares são vastos, incluindo sal e peixe.

   Em 1755 Lisboa sofre um terramoto seguido de maremoto e vários incêndios que resultam na _____ (9) destruição quase completa. O _____ (10) reconstrutor é Marquês do Pombal e a estratégia _____ (11) concede-lhe uma nova dimensão, com estruturas modernas e avenidas largas muito favoráveis ao desenvolvimento que acontece nos séculos seguintes.

Key vocabulary for Unit 15

adeusinho (m.)	cheerio
administração (f.)	administration, management (company)
algumas coisas (f. pl.)	some things
ar (m.)	air
atual	current
avó materna (f.)	maternal grandmother
avô paterno (m.)	paternal grandfather
cartão (m.)	visit/business card
casado (m.)	married
conceder	to provide
convite (m.)	invitation
desenvolvimento (m.)	development
dimensão (f.)	dimension
económica (f.)	economical
endereço (m.)	address
escolha (f.)	choice
estruturas modernas (f. pl.)	modern structures
gramática (f.)	grammar
incêndios (m. pl.)	fires
maremoto (m.)	tsunami
minas (f. pl.)	mines
morada (f.)	address
não é de confiança	not to be trusted
ótimo (m.)	great
parabéns	congratulations
pedreiras (f. pl.)	quarries
portanto	therefore
porto (m.)	harbour, port
radiante	radiant
realmente	really
recursos alimentares (m. pl.)	food products
reino (m.)	kingdom
sal (m.)	salt
social (m./f.)	social
terramoto (m.)	earthquake

UNIT 16
The present perfect tense

In Portuguese the present perfect tense has the function of a progressive tense which describes an action or a process prolonged over a length of time. Unlike English, it does not refer to a state of completion following an action.

The present perfect conjugation

The present perfect is formed by two verbs: the auxiliary verb **ter**, conjugated in the present tense, plus the past participle of the main verb. The present tense conjugation of the verb **ter** is revisited below, for ease of reference.

tem
tens
tem
temos
têm

The past participle of regular verbs is as follows:

estudar	**estud***ado*	to study, studied
comer	**com***ido*	to eat, eaten
partir	**part***ido*	to break/leave, broken/left
pôr	***posto***	to put/place, put/placed

Some verbs have an irregular past participle. Some of the most commonly used ones are listed below.

abrir	**aberto**	to open, opened
cobrir	**coberto**	to cover, covered
dizer	**dito**	to say, said
escrever	**escrito**	to write, written
fazer	**feito**	to do, done
ver	**visto**	to see/watch, seen/watched
vir	**vindo**	to come, come

Some verbs have two past participles – regular and irregular. Tenses using the verb **ter** as auxiliary, such as the present perfect, take the regular past participle. The most common of these verbs are listed below with their regular past participle form.

aceitar	**aceitado**	to accept, accepted
entregar	**entregado**	to deliver/hand in, delivered/handed in
expulsar	**expulsado**	to expel, expelled
matar	**matado**	to kill, killed
acender	**acendido**	to light/switch on, lit/switched on
morrer	**morrido**	to die, died
prender	**prendido**	to arrest/secure, arrested/secured
extinguir	**extinguido**	to extinguish, extinguished
imprimir	**imprimido**	to print, printed

The use of the present perfect

The present perfect tense is used in three main situations.

1 It is used to describe an action which started some time in the past, but has been developing over a period of time and may continue into the future.

Examples: **(Tu) não *tens estudado* nada.**
You haven't been studying at all.

(Eu) *tenho pensado* muito em ti.
I have been thinking a lot about you.

2 It is used to describe actions which have started in the past and show continuity.

Examples: **O comboio *tem partido* a horas todos os dias.**
The train has departed on time every day.

Ultimamente, tu *tens estado* muito triste.
Lately, you have been very sad.

3 It is also used to describe actions which have started in the past and show repetition.

Examples: **A Patrícia *tem ido* a Faro frequentemente.**
Patrícia has been going to Faro frequently.

O José *tem-me visitado* muitas vezes.
José has been visiting me very often.

In present perfect sentences, pronouns such as direct object pronouns, indirect object pronouns and reflexive pronouns are hyphenated to the auxiliary verb **ter**. Other pronoun rules (relating to position, gender and number agreement, and contraction) apply, as seen in Units 12, 13 and 14.

Examples: **(Eu) vejo a Joana muitas vezes, aliás *tenho-a visto* todos os dias.**
I see Joana very often, in fact I've been seeing her every day.

Estas maçãs são baratas, (nós) *temo-las comprado* em promoção.
These apples are cheap; we've been buying them on promotion.

As uvas estão verdes e por isso *não as temos posto* à venda.
The grapes are green and so we haven't been putting them up for sale.

A Ana fez um bolo enorme e *tem-lo comido* ao poucos.
Ana made a huge cake and she has been eating it bit by bit.

Eles valorizam os empregados e *têm-nos promovido* anualmente.
They value their employees and have been promoting them yearly.

(Tu) tens estado de férias e *tens-te levantado* tarde.
You have been on holiday and have been getting up late.

Ele *tem-nos encomendado* muitos livros e nós *temos-lhos* vendido.
He has been ordering many books and we have been selling them to him.

Exercise 1

Rewrite the following sentences using the subject pronoun in brackets.

1 (Eu) não tenho estado em casa. (Vocês)
2 Eles têm ido ao cinema todos os fins-de-semana. (Eu)
3 Ultimamente (nós) temos ouvido muita música. (Tu)
4 Onde é que (você) tem estado? (Eles)
5 A Ana não tem tido tempo de ver televisão. (Nós)
6 As minhas filhas têm adorado este tempo quente. (Tu)
7 O Paulo tem chegado atrasado. (Nós)
8 A Sandra não tem pensado noutra coisa senão o exame. (Vocês)
9 (Tu) tens trazido uns vestidos muito bonitos. (A senhora)
10 A Joana tem posto as suas contas em dia. (Eu)

Exercise 2

Complete the sentences below by conjugating the verb in brackets in the present perfect.

1 (Eu) _____ (ver) o Alexandre todos os dias.
2 A Sandra _____ (estar) doente ultimamente.
3 O Manuel _____ (viver) na Grécia nos últimos anos.
4 (Nós) _____ (gastar) muito dinheiro este ano.
5 "(Vocês) _____ (falar) com a Catarina? (Eu) já não falo com ela há muito."
6 Aquela cliente _____ (evitar) o gerente da loja, porque nos deve dinheiro.
7 Este mês, o meu pai _____ (trabalhar) até tarde todos os dias.
8 A crise económica _____ (afetar) muita gente.
9 Esta semana, o tempo _____ (estar) muito mau.
10 O Pedro _____ (cumprir) as promessas que me fez.
11 Ultimamente, tu _____ (pagar) as contas atempadamente.
12 O meu filho não _____ (fazer) tantas asneiras como é costume.

Exercise 3

Complete the following sentences by filling in the gaps with the correct past participle below.

**emigrado   vindo   tocado   feito   pagado   escrito   visto   aberto
concorrido   tido   coberto   prendido**

1 (Eu) não tenho _____ as contas de casa.
2 Eles têm _____ pouco dinheiro para ir ao cinema.
3 Ultimamente (tu) não tens _____ guitarra.
4 A empresa da Joana tem _____ muitas lojas no estrangeiro.
5 A polícia tem _____ muitos criminosos ultimamente.
6 Muitos portugueses têm _____ para o Reino Unido.
7 Ninguém o tem _____.
8 O jovem casal tem _____ muitos planos para o futuro.
9 Nos últimos três meses o meu salário não tem _____ todas as minhas despesas.
10 O Filipe tem _____ a minha casa sempre que pode.
11 O meu irmão tem _____ a todas as vagas de emprego que aparecem.
12 O meu chefe tem _____ muitos relatórios.

Exercise 4

Complete the sentences below by replacing the direct object (underlined) and the indirect object (italicised) with the contracted form of the respective pronouns.

1 Nós temos prometido ajuda *ao Alexandre*.
2 Nos últimos dez anos, a Sandra tem feito muitos projectos *para o Carlos e a Joana*.
3 O meu filho tem dado muito dinheiro *a nós*.
4 Tu tens oferecido chocolates *ao teu irmão*.
5 Vocês têm enviado muitas mensagens *para nós*.
6 Eu tenho dito tudo isso *à Paula* muitas vezes.
7 Eu tenho oferecido todos os meus livros *à minha afilhada*.
8 Elas têm entregado muitas encomendas *ao José*.

Exercise 5

Translate the following sentences into Portuguese.

1 Joana has been buying too many dresses.
2 I have been working late every day.
3 He has been paying all of my expenses.
4 They (masc.) have been having a lot of problems.
5 My father hasn't been travelling much.
6 Your (**você**) brother has been studying every day.
7 We have been putting a lot of money in your (**tu**) company.
8 Many old people have been dying with the hot weather.
9 He hasn't been accepting my advice.
10 This school has been expelling many students.
11 My aunt has been seeing many Portuguese films.
12 My (female) boss has been ill lately.

Exercise 6

Complete the following text by conjugating the verbs in brackets in the present perfect tense.

A emigração _____ (1) (ser) um aspeto importante nos movimentos popu-lacionais portugueses. Alguns historiadores _____ (2) (observar) que a emigração portuguesa começou no século XVI, com o início dos Descobrimentos e que _____ (3) (intensificar-se), principalmente desde meados do século XIX, com grandes êxodos populacionais para o Brasil e mais tarde para os Estados Unidos, entre outros países. Na época moderna, desde o início do século XX também _____ (4) (ver-se) um grande êxodo populacional com especial agravamento após a Segunda Guerra Mundial. Desde então o destino que mais portugueses _____ (5) (escolher) é a Europa, em particular países como a Alemanha, a França e o Reino Unido.

São várias as razões que _____ (6) (levar) milhões de portugueses a emigrar ao longo destes cinco séculos: a aventura de descobrir novas terras e culturas, o degredo, questões políticas, profissionais e também económicas, na procura de uma vida melhor. Esta última razão _____ (7) (revelar-se) o fator mais importante em vários períodos do século XX e também no início deste século.

Key vocabulary for Unit 16

afetar	to affect
argumentar	to argue
asneiras (f. pl.)	mistakes
aspeto (m.)	aspect
até tarde	until late
atempadamente	timely
aventura (f.)	adventure
casal (m.)	couple
criminosos (m. pl.)	criminals
crise económica (f.)	economic crisis
degredo (m.)	exile
descobrimentos (m. pl.)	discoveries
despesas (f. pl.)	expenses
destino (m.)	destination, destiny
emigração (f.)	emigration
emprego (m.)	employment
escolher	to choose
exame (m.)	exam
êxodos (m. pl.)	exodus
fluxo (m.)	flow
gerente (m./f.)	manager
Grécia (f.)	Greece
guitarra (f.)	guitar
intensificar-se	to intensify itself
levar	to take
meados de (m. pl.)	mid
movimentos populacionais (m. pl.)	population movements

muita gente (f.)	many people
observar	to observe, to note
promessas (f. pl.)	promises
refeições (f. pl.)	meals
salário (m.)	salary
ultimamente	lately
vida (f.)	life

UNIT 17
The preterite tense

The preterite is used to describe a completed action in the past.

Examples: **A Patrícia *comprou* um automóvel.**
Patrícia's bought an automobile.

(Eu) *fiz* anos ontem.
I had my birthday yesterday.

Regular verbs in the preterite are conjugated as follows:

estudar	*comer*	*partir*	*pôr*
estud*ei*	com*i*	part*i*	p*us*
estud*aste*	com*este*	part*iste*	pus*este*
estud*ou*	com*eu*	part*iu*	p*ôs*
estud*ámos*	com*emos*	part*imos*	pus*emos*
estud*aram*	com*eram*	part*iram*	pus*eram*

Examples: **(Eu) *estudei* na Universidade do Porto.**
I studied at the University of Oporto.

(Nós) *comemos* à pressa e saímos.
We ate in a hurry and left.

Os copos *partiram*-se quando (nós) mudámos de casa.
The glasses were broken when we moved house.

Já *puseste* a mesa, filha?
Have you already set the table, daughter?

Ontem, (vocês) *trabalharam* até tarde?
Did you work late yesterday?

A minha prima e o marido (dela) *conheceram*-se no meu casamento.
My cousin and her husband met at my wedding.

The following key verbs have an irregular conjugation in the preterite.

ser	*estar*	*ter*	*dar*	*dizer*	*ir*
fui	estive	tive	dei	disse	fui
foste	estiveste	tiveste	deste	disseste	foste
foi	esteve	teve	deu	disse	foi
fomos	estivemos	tivemos	demos	dissemos	fomos
foram	estiveram	tiveram	deram	disseram	foram

fazer	*saber*	*trazer*	*ver*	*vir*
fiz	soube	trouxe	vi	vim
fizeste	soubeste	trouxeste	viste	vieste
fez	soube	trouxe	viu	veio
fizemos	soubemos	trouxemos	vimos	viemos
fizeram	souberam	trouxeram	viram	vieram

Examples: **O Rui e a Ana *foram* sempre bons alunos.**
Rui and Ana were always good students.

Ontem *foi* feriado em Portugal.
Yesterday, it was a bank holiday in Portugal.

O tempo *esteve* maravilhoso no fim-de-semana passado.
The weather was great last weekend.

A nossa irmã *teve* gémos. (Eles) nasceram às três (horas) da manhã.
Our sister's had twins. They were born at three in the morning.

Este ano (nós) *tivemos* um inverno muito severo.
This year we've had a very severe winter.

O pai *deu*-lhe rebuçados ontem e ela já os comeu todos.
Her father gave her sweets yesterday and she's already eaten them all.

Ela *foi* trabalhar.
She's gone to work.

(Eu) não ouvi o que (tu) *disseste*.
I didn't hear what you said.

Eles vão de férias amanhã e ainda não *fizeram* as malas.
They're going on holiday tomorrow and they haven't packed yet.

(Eu) já *soube* o nome dela, mas esqueci-me.
I've known her name, but have forgotten it.

Esta manhã, a caminho do trabalho, (nós) *vimos* um acidente.
This morning, on our way to work, we saw an accident.

(Tu) já *viste* este filme?
Have you seen this film yet?

Quando (é que vocês) *vieram* para este país?
When did you come to this country?

Exercise 1

Complete the following sentences by conjugating the verb in brackets.

1 A professora _____ (ensinar) os alunos a usar o pretérito.
2 "A que horas (tu) _____ (sair) de casa esta manhã?"
3 No verão passado, nós _____ (ir) ao Japão.
4 Ontem, o meu pai _____ (comprar) um carro novo.
5 "Meninos, já _____ (terminar) os exercícios?"
6 O Sr. João _____ (estar) em casa todo o dia anteontem.
7 (Eu) _____ (pedir) à minha irmã para me comprar o jornal.
8 "O senhor _____ (chamar) por mim? Precisa de alguma coisa?"
9 Mário Soares _____ (ser) Primeiro-Ministro e, mais tarde, Presidente da República.
10 Hoje é domingo, por isso (eu) _____ (levantar-se) tarde.
11 O tio do João _____ (trabalhar) toda a vida numa fábrica.
12 O meu avô _____ (viajar) por todo o mundo.
13 "Desculpe, (você) _____ (dizer) alguma coisa?"

Exercise 2

Complete the following sentences with the correct verb. Use the example provided as your guide.

Example: A Sofia escreveu muitos romances, mas eu nunca _____ nenhum.
A Sofia escreveu muitos romances, mas eu nunca *escrevi* nenhum.

1 A Ana falou com o novo professor ontem, mas eu ainda não _____ com ele.
2 Ontem passou um filme na televisão. A minha esposa viu-o todo, mas eu só _____ a segunda parte.
3 "Os teus pais foram viver para Londres. (Tu) não _____ com eles porquê?"

4 Ontem de manhã o comboio chegou a horas, mas esta manhã infelizmente _____ atrasado.

5 A Fiona saiu de casa cedo. Os filhos dela _____ muito tarde.

6 "Nós conhecemos muita gente simpática na festa, e vocês _____ alguém interessante?"

7 "A minha mãe leu este livro e gostou muito. A Dona Patrícia, já o _____?"

8 Ontem, no restaurante, o empregado de mesa partiu dois pratos e o empregado de balcão _____ uma garrafa. O gerente não ficou nada contente!

9 Eça de Queirós relatou a sociedade urbana de Portugal e Camilo Castelo Branco _____ a sociedade rural do norte de Portugal.

10 Eu fiz a tradução do texto para português e a Catherine _____ a tradução para inglês.

Exercise 3

Answer the following questions, using the verbs correctly.

1 — (Tu) já fizeste o jantar?
   — Sim, (eu) já _____.

2 — Os convidados gostaram da festa?
   — Sim, (eles) _____.

3 — Catarina, a que horas chegaste ao emprego?
   — (Eu) _____ antes das nove horas.

4 — Pedrinho, meu neto, a que horas foste para a cama ontem à noite?
   — Ontem, (eu) _____ para a cama às dez horas.

5 — Alex, conheceste o meu aluno David?
   — Sim, (eu) _____ e ficamos muito amigos.

6 — Meninos, foram vocês que partiram este vaso?
   — Sim, _____ nós, mãe. Foi sem querer!

7 — (Tu) viste a Joana?
   — Não, (eu) não a _____.

8 — Demoraste tanto tempo Ana. Onde estiveste?
   — (Eu) _____ na biblioteca a estudar.

9 — Onde passou as férias?
   — Este ano _____ – as no Alentejo.

10 — Se não é indiscrição, quanto pagou por esse casaco?
   — (Eu) _____ 150 euros.

Exercise 4

Complete the following narrative by filling in the gaps with the verbs below. (Two of the verbs will have to be applied twice.)

esteve   durou   teve   conheceu   gostou   fez   ficaram convidaram   foi

Ontem _____ (1) um dia muito interessante para a Jennifer. (Ela) _____ (2) numa festa com dois amigos de nacionalidades diferentes: um português e um alemão. Assim, (ela) _____ (3) oportunidade de comparar diferentes hábitos culturais. A festa _____ (4) em casa dos pais da melhor amiga dela, a Patrícia, e _____ (5) lugar durante a tarde. Como estava calor, todos os convidados _____ (6) no jardim, que era enorme, com um pátio, um grande relvado e plantas tropicais, arbustos variados, flores de muitas cores diferentes e também algumas árvores que ofereciam uma sombra agradável.

A festa _____ (7) várias horas, até ficar noite. Os pais da Patrícia têm muitos amigos e por isso _____ (8) muita gente. A Joana _____ (9) muito da festa e _____ (10) vários convidados que lá estavam e _____ (11) um novo amigo, o Joel.

Exercise 5

Translate the following sentences into Portuguese.

1 Yesterday was an interesting day.
2 Did she like the party?
3 They broke the plant pot yesterday.
4 I left home early last Sunday.
5 The guest wrote her a letter.
6 He made a new friend.
7 The train was late this morning.
8 Paul's uncle bought the newspaper.
9 I woke up at six o'clock this morning.
10 You (**tu**) went home very late yesterday.
11 We finished our project today.
12 My grandfather stayed at home last night.

Exercise 6

Complete the text below by conjugating the verbs in brackets in the preterite tense.

A Revolução dos Cravos, ou Revolução de Abril, _____ (1) (acontecer) em 1974 em Portugal e _____ (2) (tornar-se) bastante significativa para a história moderna de Portugal e dos países africanos de expressão portuguesa. Para Portugal _____ (3) (assinalar) o final de um período de quarenta anos de ditadura sob o regime de Salazar e o final da guerra colonial. Para os países africanos de expressão portuguesa _____ (4) (significar) a sua independência de Portugal e o fim de vários séculos como colónias portuguesas.

Esta revolução _____ (5) (dar-se) no dia 24 de abril e _____ (6) (ser) os militares portugueses que a _____ (7) (instigar). A rádio _____ (8) (transmitir) o sinal da revolução na madrugada desse dia com a canção *Grândola Vila Morena* de Zeca Afonso, um cantor de intervenção. Apesar de ter sido uma revolução militar, esta _____ (9) (ser) uma revolução sem violência e sem feridos, não sendo derramado sangue, como em muitas outras revoluções. Os militares _____ (10) (vir) à rua com cravos enfiados nas armas e assim _____ (11) (ficar) conhecida por revolução dos cravos.

Key vocabulary for Unit 17

acontecer	to happen
agradável	pleasant
apesar de	in spite of
arbusto (m.)	bush
armas (f. pl.)	arms
cantor de intervenção (m.)	left wing, anti-regime singer
casaco (m.)	coat, jacket
colónias (f. pl.)	colonies
comparar	to compare
convidados (m. pl.)	guests
cravos (m. pl.)	carnations
demorar	to take time
derramado (m.)	spilt, shed
ditadura (f.)	dictatorship
enfiados nas armas	inside the gun barrels
feridos (m. pl.)	wounded
foi sem querer	I/we didn't mean to . . .
guerra colonial (f.)	colonial war
hábitos culturais (m. pl.)	cultural habits
indiscrição (f.)	indiscretion

instigar	to instigate	**17** The preterite tense
madrugada (f.)	dawn	
militares (m. pl.)	the military, the army	
pátio (m.)	patio	
planta tropical (f.)	tropical plant	
relvado (m.)	grass	
revolução (f.)	revolution	
se não é indiscrição	if I'm not being indiscrete . . .	
sangue (m.)	blood	
significativa (f.)	significant	
sinal (m.)	signal	
sombra (f.)	shade, shadow	
ter lugar	to take place	
teve oportunidade de	had the opportunity to	
transmissão (f.)	transmission	
urbano (m.)	urban	
vaso (m.)	vase	
violência (f.)	violence	

UNIT 18
The imperfect tense

The imperfect tense is used in a variety of situations in the past.

1   It is used to describe past actions of a certain duration.

> *Examples*:   **Quando o João *era* criança, vivia em Moçambique.**
> When João was a child he lived in Mozambique.
>
> **Ambos os meus avôs *eram* professores.**
> Both my grandfathers were teachers.

2   It is used to describe frequent or habitual actions in the past, i.e. what used to happen.

> *Examples*:   **Quando eu *tinha* dezoito anos, *saía* todos os fins-de-semana.**
> When I was eighteen years old I used to go out every weekend.
>
> **Quando (nós) *vivíamos* no Algarve, *tínhamos* uma casa junto à praia.**
> When we lived in the Algarve we had a house by the beach.

3   It is used to describe simultaneous actions.

> *Examples*:   **Depois do jantar, a minha mãe *lia* um livro e o meu pai *ouvia* música.**
> After dinner, my mother read a book and my father listened to music.
>
> **Quando cheguei a casa, o cão *ladrava* e o gato *trepava* a cortina.**
> When I arrived home, my dog was barking and my cat climbing up the curtains.

4 It can also be used for polite requests, meaning 'would' or 'could'.

Examples: **Eu *queria* um café, por favor.**
I would like a coffee, please.

Joana, (tu) *podias* fazer-me um favor?
Joana, could you do me a favour?

Regular verbs are conjugated as follows in the imperfect tense.

estudar	*comer*	*partir*	*pôr*
estud*ava*	com*ia*	part*ia*	p*unha*
estud*avas*	com*ias*	part*ias*	p*unhas*
estud*ava*	com*ia*	part*ia*	p*unha*
estud*ávamos*	com*íamos*	part*íamos*	p*únhamos*
estud*avam*	com*iam*	part*iam*	p*unham*

Some typically irregular verbs follow a regular conjugation pattern in the imperfect tense. They are: **dar**, **dizer**, **fazer**, **ir**, **saber**, **trazer**, **ver**.

Examples: **Os meus dois irmãos *estudavam* juntos para os exames.**
My two brothers used to study together for their exams.

Quando era criança, o José não *comia* quase nada.
When he was a child, José hardly ate a thing.

(Nós) *partíamos* copos demais, por isso despediram-nos do café.
We were breaking too many glasses, so they've fired us from the café.

Em miúda (eu) *fazia* muitas asneiras.
As a child I used to do many wrong things.

Em adolescente, o Pedro só *via* televisão e nunca *lia* livros.
As an adolescent Pedro only watched television and never read books.

Key irregular verbs in the imperfect are:

ser	*ter*	*vir*
era	tinha	vinha
eras	tinhas	vinhas
era	tinha	vinha
éramos	tínhamos	vínhamos
eram	tinham	vinham

Examples: **O Fernando *era* muito gordo.**
Fernando used to be very fat.

No ano passado (nós) *tínhamos* um automóvel muito velho.
Last year we had a very old car.

O meu tio *tinha* uma namorada alemã. *Era* muito simpática.
My uncle had a German girlfriend. She was very nice.

(Tu) *vinhas* a nossa casa muitas vezes, quando vivias aqui perto.
You used to come over to our house a lot, when you lived nearby.

Quando (nós) *vínhamos* a caminho de casa, vimos a Joaquina.
When we were on our way home, we saw Joaquina.

Ir + verb

As seen in Unit 5, the verb **ir** is used as auxiliary to other verbs.

In the past, the verb **ir** plus the infinitive of the main verb is used to describe actions that were going to happen. In this case, the auxiliary verb **ir** is conjugated in the imperfect tense and it is followed by the main verb in the infinitive.

Examples: **(Eu) *ia telefonar* à Ana, mas depois esqueci-me.**
I was going to telephone Ana, but then I forgot.

Ela *ia dar* aulas este ano, mas desistiu.
She was going to teach this year, but she gave it up.

(Nós) *íamos* mudar de casa, mas mudamos de ideias.
We were going to move house, but we've changed our minds.

Exercise 1

Rewrite the following sentences using the subject pronoun in brackets, and remember to apply any relevant changes to possessives.

1 Eu não sabia onde a Joana estava. (Vocês)
2 Eles queriam ir ao cinema ontem, mas tinham de trabalhar. (Eu)
3 Eu ouvia música clássica enquanto fazia o jantar. (Tu)
4 Quando vivia em Portugal, o José viajava muito de comboio. (Nós)
5 A Ana nunca tinha tempo livre quando os filhos dela eram pequenos. (Vocês)
6 Em criança, eu adorava ir para a praia. (Tu)
7 Quando o Paulo tinha o relógio avariado, chegava sempre atrasado. (Você, Ana)
8 A Sandra pensava que o João estava em casa, mas estava errada. (O Pedro e a Paula)

9 No passado, a minha avó fazia bolos deliciosos, mas punha muito açúcar. (Nós)
10 Aos cinco anos, a Joaninha sabia guardar os brinquedos sozinha. (As minhas filhas)

Exercise 2

Complete the following sentences by conjugating in the imperfect tense the verb in brackets.

1 O meu professor primário _____ (ensinar) muito bem.
2 'Quando eras criança, a que horas (tu) _____ (ir) para a escola?'
3 Quando era criança, a Jane não _____ (saber) falar português.
4 O meu pai _____ (conhecer) muita gente.
5 Esta manhã _____ (estar) um lindo dia de sol.
6 A Joana _____ (ser) uma criança muito irrequieta.
7 Em todas as aulas, a professora fazia perguntas ao aluno, mas ele nunca _____ (saber) as respostas.
8 Acho que o Francisco me _____ (querer) dizer algo importante ontem à tarde.
9 Em adolescentes, o Rui e o Mário _____ (ser) melhores amigos.
10 Antes de ser mãe, a Catarina _____ (dormir) até tarde aos domingos.
11 O tio do João _____ (trabalhar) numa fábrica japonesa quando era jovem.
12 "Desculpe, (eu) _____ (gostar) de falar com o Sr Tiago Andrade."

Exercise 3

Provide full answers to the following questions by using the additional elements in brackets. Use the example provided as a guide.

Example: Onde estava a Sofia ontem? (cinema)
               Ontem, a Sofia estava no cinema.

1 Onde estava o Filipe no domingo passado? (casa)
2 Com quem falava o Joel ao telefone? (António)
3 O que é que eles faziam ontem pelas sete horas da noite? (o jantar)
4 Aonde iam vocês quando os vi no sábado? (supermercado)
5 Quem era aquele homem que conversava com o chefe? (cliente do norte)
6 O que é que ela tinha na mão enquanto falava ao telefone? (amostra de tecido)
7 Onde é que vivias, quando tinhas vinte anos? (no interior do país)
8 Onde é que vocês trabalhavam, quando viviam em Portugal? (num hotel em Lisboa)

Exercise 4

Complete the dialogue by filling in the gaps with the verbs in brackets conjugated in the imperfect tense.

Ana   Olá Luís, como estás?

Luís   Estou ótimo, obrigado. E tu? Continuas a gostar de ser professora?

Ana   Bem, eu era professora num liceu, mas agora já não sou. (Eu) _____
     (1) (estar) cansada de dar aulas a adolescentes . . .

Luís   Ah, sim?! O que é que te _____ (2) (cansar)?

Ana   Eles _____ (3) (fazer) muito barulho durante a aula. Eu _____
     (4) (ter) que estar sempre a mandá-los calar!

Luís   Que pena! E tu _____ (5) (querer) tanto ser professora . . .

Ana   Pois queria! Um dia _____ (6) (gostar) de voltar a dar aulas, mas
     talvez a adultos! São mais interessados e menos barulhentos!

Luís   Sim, acho que tu _____ (7) (ir) gostar mais!

Ana   E tu, o que fazes? Não _____ (8) (trabalhar) numa instância de
     férias?!

Luís   Sim, no Algarve. (Eu) _____ (9) (ser) o gerente, mas resolvi sair . . .

Ana   Ah, sim?! Então porquê?

Luís   (Eu) já _____ (10) (gerir) a instância há dez anos, por isso já não
     _____ (11) (sentir) grande desafio naquilo que fazia . . .

Ana   Pois, (eu) compreendo . . .

Luís   Um amigo dos meus tempos de estudante _____ (12) (querer) abrir
     um hotel para turismo rural. Sempre que (eu) o _____ (13) (ver),
     ele _____ (14) (falar) nisso. Mostrou-me os planos e gostei da
     ideia . . . Abrimos ao público há um ano!

Ana   Os meus parabéns! Desejo-te todo o sucesso!

Luís   Obrigado.

Exercise 5

Translate the following sentences into Portuguese.

1 When I was a child I liked to play with other children.
2 When you (**tu**) were younger, where did you live?
3 My grandfather used to work in a factory.
4 His (female) friend wanted to open a restaurant.
5 What type of restaurant did she want to open?
6 We thought our uncle was at home, but we were mistaken.
7 My friend Peter used to be a teacher.
8 What were you (**vocês**) doing when we arrived?
9 Ana's pupils were very noisy and didn't know anything.
10 John's grandparents used to know many different people.

Exercise 6

Complete the text below by conjugating the verbs in brackets in the imperfect tense, taking into account any reflexive pronoun.

Processos sociológicos diferentes originaram as literaturas africanas em língua portuguesa: aquele que _____ (1) (ser) representado por Cabo Verde, e aqueles que _____ (2) (ser) expressos em Angola, Moçambique, São Tomé e Guiné-Bissau. A diferença que _____ (3) (sentir-se) em Cabo Verde e nos outros países deveu-se a um grande contraste sociológico. Cabo Verde _____ (4) (ter) uma sociedade culturalmente homogénea que _____ (5) (identificar-se) com a nação que já _____ (6) (existir) antes do estado. Comparativamente, em Angola, Moçambique, São Tomé e Guiné-Bissau, os escritores e poetas _____ (7) (confrontar-se) com uma dualidade cultural e linguística que os _____ (8) (levar) a negar o poder político antes da independência e as suas literaturas _____ (9) (tornar-se), assim, políticas. Neste contexto, a literatura angolana _____ (10) (destacar-se) das restantes com grandes autores como Mia Couto, Panguana e Muinga.

Key vocabulary for Unit 18

abrir ao público	to open to the public
amostra de tecido (f.)	fabric sample
avariado (m.)	out of order
barulhento (m.)	noisy
barulho (m.)	noise
contexto (m.)	context
diferença (f.)	difference
dualidade (f.)	duality
em adolescentes	in adolescence, as adolescents
errado (m.)	wrong
instância de férias (f.)	holiday resort
irrequieto (m.)	fidgety
liceu (m.)	high school
micro climas (f. pl.)	microclimates
planos (m. pl.)	plans
provenientes de	originating from
relógio (m.)	watch, clock
restantes (m./f. pl.)	remaining
todo	all

UNIT 19
The preterite tense vs. the imperfect tense

The preterite and the imperfect tenses are often used together, particularly when describing background action and an incident. The preterite is always used to express the incident while the imperfect is always used to express the background.

Examples: **Quando o meu irmão *tinha* dez anos, (ele) *esteve* hospitalizado.**
When my brother was ten years old, he was in hospital.

(Nós) *íamos* a caminho do trabalho e *vimos* um acidente.
We were on our way to work and we saw an accident.

Enquanto o Pedro *estava* no banco, (ele) *presenciou* um assalto.
While Pedro was at the bank, he witnessed a robbery.

Os mouros *viviam* no Algarve há três séculos, quando o exército do rei de Portugal *conquistou* aquela região.
The moors had been living in the Algarve for three centuries, when the Portuguese King's army conquered that region.

Ontem *falei* com todas as pessoas que *estavam* na festa.
Yesterday I spoke with everyone who was at the party.

Eu e o David *fomos* à abertura da exposição, mas não te *vimos*. (Tu) estavas lá?
David and I went to the exhibition opening, but didn't see you. Were you there?

A Anita *ficou* tão feliz com a tua visita que nem *sabia* o que dizer.
Anita was so happy with your visit that she didn't even know what to say.

Ontem à noite eu *caminhava* no centro da cidade e *vi* muita gente mascarada. Pouco depois *descobri* que *havia* um baile de máscaras.
Yesterday I was walking in the city centre and saw many people wearing masks. A little later I found out there was a masked ball.

A background action can also be described using **estar a** plus the infinitive, as the examples below illustrate. In this case, **estar** is conjugated in the imperfect tense.

Examples: **Eles *estavam a passear* no parque e começou a chover.**
They were walking in the park and it started to rain.

Estava *a chover* esta manhã, quando (eu) me levantei.
It was raining this morning, when I got up.

A professora observou que os alunos *estavam a conversar* na aula.
The teacher noticed that the pupils were talking in class.

Ontem à noite (nós) *estávamos a ver* um filme e a televisão avariou.
Last night we were watching a film and the television broke down.

Quando entrei em casa o telefone *estava a tocar*. Era a minha mãe.
When I got home the telephone was ringing. It was my mother.

Desculpa, (tu) *estavas a falar* e (eu) interrompi-te.
Apologies, you were talking and I've interrupted you.

Exercise 1

The following sentences combine the use of the preterite with that of the imperfect. Complete them by conjugating one of the verbs in brackets in the preterite and the other in the imperfect.

1 Quando o João _____ (chegar) ao escritório, o chefe dele já lá _____ (estar).
2 As crianças _____ (estar) a brincar no campo e _____ (ver) um cavalo.
3 Enquanto (eu) _____ (caminhar) no parque _____ (encontrar) a minha amiga.
4 "(Tu) já _____ (ter) comida suficiente para a festa, mas _____ (comprar) mais."
5 O Pedro não se _____ (sentir) bem, mas _____ (ir) trabalhar.
6 Esta manhã _____ (estar) a chover, quando (nós) _____ (sair) de casa.
7 Ontem de manhã o tempo _____ (estar) óptimo, mas de tarde _____ (começar) a chover.
8 Quando (eu) _____ (acordar) esta manhã _____ (estar) um lindo dia de sol.

9 O telefone _____ (tocar) quando a minha mãe _____ (fazer) o jantar. Era a minha irmã.

10 O senhorio _____ (expulsar) a inquilina, porque ela não _____ (pagar) a renda há mais de três meses.

11 Eu _____ (estar) a entrar no supermercado e _____ (ver) o Pedro a sair.

12 "Joaquim, _____ (desligar) a televisão, mas eu _____ (estar) a ver um programa interessante."

Exercise 2

Complete the sentences below by conjugating the verb in brackets in the preterite or the imperfect, as appropriate.

1 O meu primo visitou-me ontem. (Ele) _____ (querer) pedir-me um favor.

2 Quando o João e o Paulo eram crianças, _____ (gostar) muito de ler.

3 Nos anos oitenta (eu) _____ (ser) estudante na Universidade do Porto.

4 No verão passado (nós) _____ (ir) ao Sul do país.

5 "(Você) já _____ (visitar) Portugal?"

6 No fim-de-semana passado os meus pais _____ (fazer)-me uma surpresa.

7 Ontem, (eu) fui a tua casa, mas (tu) não _____ (estar) lá.

8 A professora fez uma pergunta aos alunos, mas eles não _____ (saber) a resposta.

9 A minha filha _____ (começar) a trabalhar no banco há dois anos.

10 A tua avó não _____ (comer) a sopa, porque já _____ (estar) fria.

Exercise 3

Build a story by placing the phrases below in the correct order.

1 havia peças de automóvel por toda a praia: portas, pneus, volantes, etc.

2 Como a polícia demorou a chegar, enquanto nós esperávamos, brincamos no meio dos automóveis.

3 No verão, eu e os meus irmãos brincávamos na praia com as outras crianças e

4 Depois olhamos para o mar e vimos um navio de carga naufragado.

5 um dia, aconteceu algo incrível. Chegámos à praia e esta estava cheia de automóveis.

6 Quando eu era criança vivia numa pequena aldeia junto ao mar.

7 Alguns eram azuis, outros eram vermelhos e outros brancos. Também

8 Para nós, aquele dia foi uma grande aventura!

Exercise 4

Fill in the gaps by conjugating the verbs in brackets appropriately.

Ontem (eu) _____ (1) (ter) um dia de folga e por isso não _____ (2) (trabalhar). Passei o dia com a minha mãe. _____ (3) (estar) um dia de sol e (nós) _____ (4) (decidir) dar um passeio pelo parque. Levámos o cão e _____ (5) (fazer) uma caminhada muito longa, mais longa do que o habitual. Adorámos ver as flores que _____ (6) (estar) a aparecer nos jardins e também adorámos as árvores que estavam cheias de rebentos. Havia muita gente no parque, havia crianças a brincar, jovens e também muitos idosos. Enfim, _____ (7) (ser) pessoas de todas as idades. Nós caminhámos lentamente e _____ (8) (conversar) sobre muitos assuntos diferentes. Depois do passeio, deixámos o cão em casa e _____ (9) (ir) às compras ao centro da cidade. Começámos por tomar um café e depois _____ (10) (percorrer) várias lojas de moda, sapatarias, livrarias e uma papelaria. Comprámos tudo o que _____ (11) (precisar) e, entretanto, como eram horas do almoço, decidimos almoçar num restaurante típico, junto ao canal. (Nós) _____ (12) (escolher) uma mesa na esplanada e adorámos.

Exercise 5

Build questions for the following negative statements by using the main verb in the correct tense. Follow the example provided.

Example: O Paulo queria ir ao cinema ontem?
   Não. Ontem o Paulo não queria ir ao cinema.

1 Não. (Nós) nunca visitámos os Estados Unidos.
2 Não. O João não andava à tua procura.
3 Não. Eu não disse à Joana que precisava de comprar um carro novo. (tu)
4 Não. Eles ainda não foram a Portugal este ano.
5 Não. Eu ainda não vi a professora de matemática. (tu)

Exercise 6

Translate the following sentences into Portuguese.

1 Ten years ago I had a company with ten employees.
2 Peter telephoned me yesterday. He wanted to ask me a favour.
3 We arrived at the hotel yesterday afternoon.
4 Five years ago we used to live by the sea but last year we moved to the city.

5 My boss was the first to arrive at the office. It was seven-thirty in the morning.
6 She was at home when I telephoned her last Sunday.
7 Mr Silva was going to be late for work, so he caught a taxi.
8 I went to Germany last week. When I was there I saw a famous (male) author.

Exercise 7

Complete the text below by conjugating the verbs in brackets in the imperfect and preterite tenses as appropriate.

A vida e a cultura da Península Ibérica _____ (1) (ter) grande influência árabe. Durante vários séculos, os mouros _____ (2) (ocupar) o sul da Península Ibérica, incluindo a parte sul do território que é hoje Portugal. Os mouros _____ (3) (ser) um povo mais avançado e sofisticado, _____ (4) (permanecer) nesta região três séculos e durante esse período _____ (5) (influenciar) vários aspetos da vida portuguesa: a arquitetura, a cultura, a culinária e a língua. A arquitetura no sul de Portugal, nomeadamente no Algarve, sempre _____ (6) (revelar) grandes caraterísticas árabes, como por exemplo, o facto de haver casas pintadas de branco com decorações nas chaminés e nos muros. A presença do povo árabe _____ (7) (contribuir) com inúmeras palavras para a língua portuguesa, como por exemplo nomes de pessoas, de frutos e de terras: o próprio nome da região, Algarve, é de origem árabe. Os mouros _____ (8) (introduzir) ainda o cultivo e o uso da laranja, o uso do papel e uma série de hábitos requintados e que, na altura, _____ (9) (contrastar) com os hábitos dos povos nortenhos.

Key vocabulary for Unit 19

árabe (m./f.)	Arab
brincar	to play
campo (m.)	the country, field
caraterísticas (f. pl.)	characteristics
chaminés (f. pl.)	chimneys
contribuir com	to contribute with
decorações (f. pl.)	decorations
desligar	to switch off
enriquecida (f.)	enriched
expulsar	to expel
grande aventura (f.)	great adventure
hábitos requintados (m. pl.)	sophisticated habits
há dois anos	two years ago

incrível	incredible	**19** Preterite tense vs. imperfect tense
influenciar	to influence	
introduzir	to introduce	
inúmeras (f. pl.)	numerous	
mouros (m. pl.)	the Moors	
muros (m. pl.)	boundary walls	
na altura	at the time	
naufragado (m.)	shipwrecked	
navio de carga (m.)	cargo ship	
no meio de	in the middle of	
no verão passado	last summer	
ocupar	to occupy	
peças de automóvel (f. pl.)	automobile parts	
Península Ibérica (f.)	Iberian Peninsula	
permanecer em	to remain, to stay	
pintadas (f. pl.)	painted	
pneu (m.)	tyre	
polícia (f.)	police	
porta (f.)	door	
renda (f.)	rent	
senhorio (m.)	landlord	
sofisticada (f.)	sophisticated	
suficiente	sufficient	
vida (f.)	life	
volante (m.)	steering wheel	

UNIT 20
The past perfect and the pluperfect tenses

Both tenses – past perfect and pluperfect – are used to describe a past action which took place prior to another past action.

The past perfect is formed by two verbs: the auxiliary verb **ter**, conjugated in the imperfect tense, plus the past participle of the main verb.

Example: **Antes de aprender português o Peter nunca *tinha estudado* línguas.**
Before learning Portuguese Peter had never studied languages.

The pluperfect is formed by the main verb conjugated.

Example: **Antes de aprender português o Peter nunca *estudara* línguas.**
Before learning Portuguese Peter had never studied languages.

Please note that the pluperfect tends to be used only in literary and very formal texts.

The past perfect conjugation

ter (imperfect tense) + *main verb (past participle*)*

tinha
tinhas
tinha   +   estudado, comido, partido, posto
tínhamos
tinham

Note: *See also Unit 16.

Examples: **A Sofia mudou-se para o Porto, mas *tinha morado* anos em Lisboa.**
Sofia moved to Oporto, but she had lived for years in Lisbon.

O comboio já *tinha partido*, quando (eu) cheguei à estação.
The train had already left, when I arrived at the station.

Tu mandaste a Joana pôr tudo no seu lugar, mas ela já *tinha posto*.
You told Joana to put everything in its place, but she had already done it.

When using pronouns in past perfect sentences – reflexive pronouns, direct object pronouns or indirect object pronouns – the pronoun is hyphenated to the auxiliary verb, except when the position of the pronoun is inverted.

Examples: **A Isabel fez o jantar hoje, pois eu tinha-*o* feito ontem.**
Isabel made dinner today, as I had made it yesterday.

O filme que (eu) vi ontem, tu tinha-*lo* visto há um ano (atrás).
The film I watched yesterday, you had watched it a year ago.

Eles venderam a casa. Tinham-*na* comprado há vinte anos.
They've sold their house. They had bought it twenty years ago.

Ela trouxe-me dois livros. Eu tinha-*lhos* pedido no mês passado.
She's brought me two books. I had asked her for them last month.

but

Eu não *te* tinha visto.
I hadn't seen you.

Eram seis horas da manhã e o Sérgio já *se* tinha levantado.
At six in the morning Sérgio was already up.

In literary and historical texts, the verb **haver** in the imperfect (**havia**, **havias**, **havia**, **havíamos**, **haviam)**, is sometimes used as auxiliary verb to the past perfect, instead of the verb **ter**.

Example: **A Catarina relatou toda a história e confirmou que as crianças *haviam chegado* naquela manhã.**
Catherine related the whole story and confirmed the children had arrived that morning.

The pluperfect conjugation

estudar	*beber*	*preferir*	*pôr*
estud*ara*	beb*era*	prefer*ira*	pus*era*
estud*aras*	beb*eras*	prefer*iras*	pus*eras*
estud*ara*	beb*era*	prefer*ira*	pus*era*
estud*áramos*	beb*êramos*	prefer*íramos*	pus*éramos*
estud*aram*	beb*eram*	prefer*iram*	pus*eram*

The following verbs have an irregular conjugation in the pluperfect.

ser	*dar*	*ir*	*fazer*	*trazer*	*vir*
fora	dera	fora	fizera	trouxera	viera
foras	deras	foras	fizeras	trouxeras	vieras
fora	dera	fora	fizera	trouxera	viera
fôramos	déramos	fôramos	fizéramos	trouxéramos	viéramos
foram	deram	foram	fizeram	trouxeram	vieram

Examples: **Elas fizeram o jantar hoje, pois nós fizeramo-*lo* ontem.**
They made dinner today, as we had made it yesterday.

Eu agradeci-lhe a camisa. Ela fizera-*ma* de surpresa.
I thanked her for the shirt. She'd made it for me as a surprise.

Eram seis horas da manhã e o Sérgio já *se* levantara.
At six in the morning Sérgio was already up.

The third person plural of the pluperfect conjugation coincides with that of the preterite, even in irregular verbs. So its use is avoided in order to prevent potential confusion and the past perfect is used instead.

Example: **O Pedro e o José <u>disseram</u> que *fizeram* tudo há duas horas.**
O Pedro e o José <u>disseram</u> que *tinham feito* tudo há duas horas.
Pedro and José said they had done everything two hours ago.

Exercise 1

Complete the sentences below by conjugating the verb in brackets in the past perfect.

1 Quando a diretora pediu o relatório ao Miguel, ele ainda não o _____ (acabar).
2 A Isabel já _____ (falar) com a Paula sobre o assunto.
3 No verão passado, (nós) _____ (pensar) em ir de férias ao Brasil, mas as viagens eram demasiado caras e por isso fomos a Angola.
4 Esta manhã, quando (eu) cheguei à estação, já o comboio _____ (partir).
5 Ontem à noite, o meu namorado levou-me a jantar num restaurante chinês, mas eu já _____ (comer) lá com uns amigos.
6 (Eu) perguntei-lhe se ela _____ (ver) o João na escola, mas ela disse-me que não.
7 "(Você) _____ (prometer) que acabava o projeto hoje, mas afinal só o vai acabar para a semana!"

8 Na segunda-feira a empregada de limpeza não foi trabalhar, porque o filho dela _____ (ficar) doente durante o fim-de-semana.

9 O Rui disse-me que nunca _____ (ter) umas férias tão boas.

10 Os meus vizinhos _____ (pôr) a música muito alto antes da festa.

11 (Eu) não fazia ideia que tu _____ (escrever) um livro.

12 Os meus pais visitaram Londres no outono, mas nunca _____ (estado) em Inglaterra antes.

Exercise 2

Rewrite the sentences below in the past perfect, ensuring the pronouns are positioned correctly. Use the examples provided as a guide.

Examples: Ela *esqueceu-se* de comprar leite.
   Ela *tinha-se esquecido* de comprar leite.

   Ela nunca *o viu* a trabalhar no campo.
   Ela nunca *o tinha visto* a trabalhar no campo.

1 (Vocês) levantaram-se muito cedo.
2 (Eu) comprei-te um livro de gramática.
3 A que horas se observaram os erros na conta?
4 A Filipa lembrou-se de dar os parabéns ao irmão.
5 Os alunos distraíram-se muito nas aulas.
6 Quantas vezes é que (tu) te enganaste no caminho?
7 A minha tia também o viu na festa com a Joana.
8 (Nós) vimo-la muitas vezes na praia com os amigos.
9 "(O senhor) comprou este livro aqui?"
10 A minha irmã aceitou-o sem hesitar.

Exercise 3

Rewrite the sentences below by replacing the past perfect with the pluperfect. Use the example provided as a guide.

Example: Ela *tinha-se esquecido* de comprar leite.
   Ela *esquecera-se* de comprar leite.

1 (Nós) tínhamo-nos levantado muito tarde naquele dia.
2 Em que dia é que (tu) tinhas recebido a encomenda?
3 A Paula nunca se tinha esquecido dos meus anos antes.
4 (Eu) tinha visto este filme com o meu irmão.

153

5 Ele tinha feito muito barulho ao chegar a casa.
6 Quanto tempo é que (tu) tinhas esperado pelo Joaquim?
7 O Joaquim tinha ido com a mãe às compras.
8 (Nós) já o tínhamos conhecido.
9 Quando é que ele te tinha dito isso?
10 A que horas é que a Catarina tinha vindo da festa?

Exercise 4

Write questions for the following statements. Use the example below as a guide.

Example: (Eu) tinha dito isso <u>ontem</u>. (Tu)
         ***Quando* é que (tu) tinhas dito isso?**

1 (Nós) tínhamos comprado <u>um apartamento</u>. (Vocês)
2 A Joana tinha levado o cão <u>ao parque</u>. (Ela)
3 Os meninos tinham falado <u>com a Paula</u>. (Eles)
4 O meu primo tinha saído <u>às três horas da tarde</u>. (Ele)
5 O tempo tinha estado <u>muito mau</u>.
6 A Filipa tinha vivido no Algarve <u>cinco anos</u>. (Ela)
7 O Pedro tinha cumprimentado <u>todos os convidados</u>. (Ele)
8 As duas jovens tinham ido para a festa <u>de autocarro</u>. (Elas)
9 (Eu) tinha dito isso <u>à minha vizinha</u>. (Você)
10 O Eugénio tinha pagado <u>cinquenta euros</u> pelo presente. (Ele)

Exercise 5

Build a story by placing the phrases below in the correct order.

1 sentar-se à mesa com uma senhora loura, muito bonita, quando eu entrei.
2 me e disse que tinha chegado há alguns minutos com a esposa. Eu
3 mas que ele me telefonara para o telemóvel e dissera que estava um pouco atrasado.
4 Então (eu) fui com ele conhecê-la e entretanto o meu marido chegou e almoçámos todos juntos.
5 Ontem à hora do almoço, (eu) vi o teu irmão Paulo no restaurante grego perto da catedral. Ele estava a
6 pois ela tinha-lhe dito que me queria conhecer.
7 O Paulo então disse que me queria apresentar a esposa,
8 disse-lhe que tinha combinado encontrar-me lá com o meu marido,
9 (Ele) viu-me, disse qualquer coisa à senhora loura, levantou-se e veio falar-me. Cumprimentou-

Exercise 6

Translate the following sentences into Portuguese, using both the past perfect and the pluperfect.

1　Where had you (**tu**) seen Joana with her boyfriend?
2　I had never gone to such a good party.
3　We had already visited Portugal.
4　My male colleague had never arrived late before.
5　Had you (**você**) already made the monthly report?
6　Until yesterday, the weather had been very bad.
7　The landlady said that Pedro hadn't paid the rent.
8　When I came home the party hadn't finished yet.
9　Had you (**o senhor**) already asked for tea?
10　He said that he hadn't had time to ring me.

Exercise 7

Complete the following text by conjugating the verbs in brackets in the pluperfect or the past perfect, if needed.

Portugal e a Inglaterra partilham a mais antiga aliança diplomática da Europa. Esta aliança, renovada com o Tratado de Windsor em 1386, _____ (1) (estabelecer-se) em 1373 com a assinatura do Tratado Anglo-Português.

Os anos que antecederam o Tratado de Windsor _____ (2) (ser) repletos de tumultos políticos que _____ (3) (afetar) negativamente a sociedade portuguesa. Esse período de instabilidade _____ (4) (levar) à revolução de 1383–5, em Aljubarrota, a cerca de 100 km a norte de Lisboa, liderada pelo Infante D. João, também conhecido por Mestre de Aviz.

Em 1387, D. João I, que _____ (5) (assumir) o trono em 1385, casou com Filipa de Lencastre, filha mais nova do Duque de Lencastre, seu aliado. O Duque _____ (6) (comandar) os oitocentos arqueiros ingleses que _____ (7) (ajudar) as tropas de D. João a vencer os castelhanos na Batalha de Aljubarrota, que _____ (8) (ser) decisiva para a vitória portuguesa e _____ (9) (assinalar) o início da Segunda Dinastia.

Key vocabulary for Unit 20

afetar	to affect
aliado (m.)	ally
aliança (f.)	alliance
anglo-portuguesa (f.)	Anglo-Portuguese
antecederam	came before
arqueiros (m. pl.)	archers
batalha (f.)	battle
castelhanos (m. pl.)	Castilians
comandar	to command
dar os parabéns	to congratulate
decisiva (f.)	decisive
dinastia (f.)	dynasty
diplomática (f.)	diplomatic
empregada de limpeza (f.)	cleaner
enganos (m. pl.)	mistakes, oversights
início (m.)	beginning
instabilidade (f.)	instability
liderada (f.)	led by
loura (f.)	blonde
negativamente	negatively
rei (m.)	king
renovada (f.)	renewed
repletos (m. pl.)	full
sem hesitar	without hesitating
telemóvel (m.)	mobile
trono (m.)	throne
tropas (f. pl.)	troops, army
tumultos (m. pl.)	disturbances
vitória (f.)	victory

KEY TO EXERCISES

Unit 1

Exercise 1

1 o coração; 2 a mão; 3 a casa; 4 a mulher; 5 a viagem; 6 o anel; 7 a cidade; 8 a cadeira; 9 o professor; 10 o cão; 11 o homem; 12 o automóvel

Exercise 2

1 os irmãos; 2 os professores; 3 os perfis; 4 as viagens; 5 as estações; 6 as cidades; 7 as cores; 8 as mulheres; 9 as opiniões; 10 os casacos; 11 os pais; 12 os papéis

Exercise 3

1 a irmã; 2 a professora; 3 a contabilista; 4 a mãe; 5 a filha; 6 a gata; 7 a cadela; 8 a mulher; 9 a esposa; 10 a tia; 11 a paciente; 12 a avó

Exercise 4

1 o irmãozinho; 2 o cãozinho; 3 a filhinha; 4 o paizinho; 5 o filhinho; 6 o gatinho; 7 o cavalinho; 8 a casinha; 9 a mãozinha; 10 a janelinha; 11 a netinha; 12 o avôzinho

Exercise 5

1 cão; 5 sol; 7 gato; 8 homem; 9 avô; 12 coração; 14 pão; 16 coelho

Exercise 6

1 pai; 2 professora; 3 crianças; 4 professores; 5 dias; 6 manhã; 7 casa; 8 filhos

Exercise 7

1 países; 2 continentes; 3 milhões; 4 pessoas; 5 organizações; 6 Nações;
7 línguas

Unit 2

Exercise 1

1 a idade; 2 os pães; 3 os problemas; 4 a mulher; 5 o automóvel; 6 a praia;
7 o dia; 8 o fim-de-semana; 9 o domingo; 10 os pais; 11 a língua; 12 as
amigas

Exercise 2

1 a; 2 o; 3 um; 4 uma; 5 o, um; 6 uma; 7 uma; 8 o; 9 a; 10 o; 11 o; 12 a

Exercise 3

1 g; 2 f; 3 h; 4 c; 5 b; 6 a; 7 d; 8 e

Exercise 4

1 numa; 2 num; 3 no; 4 na; 5 do; 6 duma; 7 pelo; 8 nas; 9 no; 10 nos; 11 pela

Exercise 5

1 o; 2 o; 3 o; 4 o; 5 do; 6 o; 7 da; 8 na; 9 o; 10 o; 11 a; 12 do; 13 a; 14 a;
15 a; 16 a; 17 a; 18 a; 19 o; 20 o; 21 o; 22 o; 23 a; 24 a

Unit 3

Exercise 1

a) quarenta e cinco; b) noventa; c) dezasseis; d) dois mil e catorze; e) dois mil;
f) trinta e oito; g) trezentos e sessenta e cinco; h) quinhentos; i) três mil e treze;
j) quatro mil quinhentos e quarenta e oito; l) novecentos e um; m) duzentos e
sessenta e sete; n) cento e oitenta e cinco; o) vinte e dois mil oitocentos e noventa
e cinco; p) oitocentos e dezassete; q) cinco mil quatrocentos e vinte e um

Exercise 2

1 g; 2 d; 3 f; 4 c; 5 a; 6 b; 7 e

Exercise 3

1 nove horas e quinze minutos; 2 dez horas; 3 onze horas e quarenta minutos; 4 doze horas; 5 treze horas e dez minutos; 6 catorze horas e trinta e cinco minutos; 7 dezassete horas e cinquenta e cinco minutos; 8 vinte e uma horas; 9 vinte e duas horas e quinze minutos; 10 vinte e quatro horas

Exercise 4

1 sete (horas) e um quarto (da manhã); 2 oito horas da manhã; 3 dez para as dez (da manhã); 4 um quarto para o mcio-dia; 5 meio-dia e meia hora; 6 vinte e cinco para as três (da tarde); 7 cinco horas e vinte (da tarde); 8 seis horas (da tarde); 9 vinte para as onze (da noite); 10 meia-noite

Exercise 5

1 g; 2 e; 3 i; 4 l; 5 h; 6 m; 7 j; 8 a; 9 c; 10 f; 11 d; 12 b

Exercise 6

a) segunda; b) nove; c) treze; d) catorze; e) dezoito; f) sábado; g) segunda; h) sexta-feira; i) quinze horas e trinta; j) oito horas e trinta; l) dezanove horas e trinta; m) segunda; n) sexta-feira; o) nove horas e trinta; p) quinze horas; q) domingo

Unit 4

Exercise 1

1 Ela; 2 Ele; 3 Eles; 4 tu; 5 Nós; 6 Eu; 7 Elas; 8 vocês; 9 você; 10 eles

Exercise 2

1 nadam; 2 moramos; 3 falam; 4 compras; 5 gosta; 6 visita; 7 detesta; 8 fala; 9 andam; 10 trabalho; 11 apanho; 12 espero

Exercise 3

1 Nós comemos muito peixe. 2 Tu escreves muito bem em português. 3 Vocês respondem prontamente a todos os emails que recebem. 4 A senhora bebe muito leite. 5 Eu não entendo que não é possível sair hoje. 6 Os senhores compreendem o Francisco? 7 Ela defende sempre os amigos. 8 O senhor gosta sempre de vencer. 9 Eu forneço produtos para empresas em Inglaterra. 10 Você quer ir ao cinema amanhã à noite? 11 Tu vences todas as competições. 12 Nós dormimos muito bem de noite.

Exercise 4

1 desiste; 2 decidimos; 3 conseguem; 4 sinto; 5 repete; 6 cobre; 7 dormimos; 8 parte; 9 tosse; 10 pede

Exercise 5

1 ponho; 2 compõe; 3 decompõe; 4 repõe; 5 propõe; 6 suponho; 7 expõe; 8 pões; 9 dispomos; 10 põem

Exercise 6

1 usam; 2 falam; 3 conhecem; 4 tratam; 5 chamam; 6 adicionam; 7 fala; 8 usa; 9 omite; 10 começam; 11 continuam

Unit 5

Exercise 1

1 dá; 2 vais; 3 têm; 4 vejo; 5 fazes; 6 vão; 7 diz; 8 conhece; 9 ouvimos; 10 sabem; 11 trazes; 12 sabe

Exercise 2

1 (Eu) conheço muitos ingleses. 2 (Nós) sabemos muito de história. 3 (Tu) vais viver para Londres. 4 (Ela) só vê filmes românticos. 5 Quando vocês viajam, trazem presentes para todos. 6 (Eu) tenho muitos livros de literatura portuguesa. 7 (Eles) fazem os exercícios de gramática muito depressa. 8 (Nós) dizemos bem dos portugueses. 9 (Tu) dás muito dinheiro para instituições de caridade. 10 (Vocês) ouvem música clássica todos os dias.

Exercise 3

1 tem; 2 faz; 3 vão; 4 traz; 5 faz; 6 vêem; 7 dão; 8 sabem; 9 conhecem; 10 dizem

Exercise 4

1 sei; 2 vou; 3 digo; 4 dou; 5 conheço; 6 fazemos; 7 vejo; 8 tenho

Exercise 5

1 conhece; 2 conheces; 3 sabe; 4 sabe; 5 sabem; 6 conheço; 7 sabe; 8 sabe; 9 conhecemos; 10 conhecem; 11 sabe; 12 sabes

Exercise 6

1 vê; 2 fazem; 3 têm; 4 vai; 5 dizem; 6 atrai; 7 vão; 8 traz; 9 tem; 10 vêem

Unit 6

Exercise 1

1 como; 2 quem; 3 que; 4 que; 5 quando; 6 quem; 7 que; 8 quem; 9 onde; 10 que; 11 quem; 12 como

Exercise 2

1 A Idalina está na escola. 2 No fim-de-semana nós vamos a Viana do Castelo. 3 (Eu) apanho o autocarro às dezassete (horas) e trinta. 4 (Eu) vou ao cinema com a Patrícia. 5 (Eu) vou visitar a mãe amanhã de tarde. 6 Ao domingo nós passeamos no parque. 7 O bilhete de comboio custa dez euros. 8 (Eu) trabalho cinco dias por semana.

Exercise 3

1 Como (é que você) se chama? 2 Donde (é que) é o Paulo? 3 O que (é que vocês) enviam? 4 De quem (é que) falam as senhoras? 5 De que (é que) trata o livro? 6 Em que mês (é que tu) vais de férias? 7 A que horas (é que) chega o comboio? 8 Quando é que a Ana casa com o Pedro? 9 Para onde (é que você) viaja? 10 O que (é que a senhora) faz?

Exercise 4

1 Onde vivem os amigos da Catarina? 2 A que horas chega o próximo comboio para o Porto? 3 Quantas pessoas trabalham na sua fábrica? 4 Para onde vão nas férias do verão? 5 Com quem é que a Luísa passa os fins-de-semana? 6 Em que mês é que tu fazes anos? 7 De quem é que as crianças gostam? 8 De quem é que o Pedro e o João falam? 9 Em que dias é que a Clara está de folga? 10 Como é que vocês se chamam?

Exercise 5

1 Em que meses (é que) a maioria dos portugueses faz férias? 2 Quantos quiló-metros de costa tem Portugal? 3 Onde é que muitos portugueses passam as férias? 4 Porque é que os portugueses fazem férias no verão? 5 Quem (é que) faz férias no Algarve e na costa alentejana? 6 Quais são as praias mais quentes do país? 7 Onde é que as praias são populares mas a temperatura do mar é mais baixa? 8 O que é a época balnear?

Unit 7

Exercise 1

1 O Sr António não viaja para Lisboa todas as semanas. 2 A Ana e a Isabel nunca vão ao Porto. 3 Ninguém trabalha hoje./Hoje ninguém trabalha. 4 A sala não está cheia de gente. 5 Ela nunca chega atrasada ao trabalho. 6 Ele não faz nada. 7 Ninguém mora com o João. 8 Nós nunca fazemos ginástica ao sábado. 9 Tu não sabes nada. 10 Vocês não estudam na universidade. 11 Ninguém entra à mesma hora. 12 As crianças não choram muito.

Exercise 2

1 nenhuns; 2 nenhum; 3 nenhum; 4 nenhuma; 5 nenhuns; 6 nenhum; 7 nenhuma; 8 nenhumas; 9 nenhuns; 10 nenhum; 11 nenhuma; 12 nenhumas

Exercise 3

1 d; 2 j; 3 g; 4 f; 5 a; 6 i; 7 c; 8 h; 9 b; 10 e

Exercise 4

1 ninguém; 2 nada; 3 não; 4 nunca; 5 não; 6 nada; 7 nem . . . nem; 8 nem sequer; 9 nem; 10 nem sequer

Exercise 5

1 A prima Joana não gosta de falar com estrangeiros. 2 O padrinho do Pedro nunca fala de trabalho. 3 Não há café. 4 Ninguém sabe nada. 5 (Eu) não sei onde está nada. 6 Não está ninguém em casa. 7 Ninguém atende o telefone. 8 O senhor não és português? 9 Eles não querem beber nada. 10 (Eu) não conheço ninguém. 11 (Eu) não tenho nenhuns amigos./(Eu) não tenho amigos nenhuns. 12 Vocês nunca fazem nada.

Exercise 6

1 nenhuma; 2 não; 3 nem; 4 ninguém; 5 nada; 6 não; 7 nenhuns; 8 nunca

Unit 8

Exercise 1

1 são; 2 são; 3 é; 4 és; 5 é; 6 sou; 7 são; 8 somos; 9 és; 10 é

Exercise 2

1 estão; 2 estamos; 3 estão; 4 estás; 5 está; 6 está; 7 estão; 8 estão; 9 estou;
10 estão

Exercise 3

1 está; 2 são; 3 é; 4 está; 5 és; 6 estamos; 7 é; 8 és; 9 está; 10 estão

Exercise 4

1 estão; 2 é; 3 é; 4 fica/é; 5 está; 6 somos; 7 está; 8 está; 9 são; 10 é; 11 és;
12 fica; 13 fica; 14 ficas

Exercise 5

1 está; 2 é; 3 é; 4 fica; 5 são; 6 são; 7 é/fica; 8 é; 9 está; 10 estão; 11 é/fica;
12 fica; 13. fica; 14 fica

Exercise 6

1 estás; 2 estou; 3 é; 4 está; 5 é; 6 está; 7 é; 8 é; 9 está; 10 é; 11 estás; 12 é;
13 és; 14 Sou; 15 sou; 16 estou; 17 estás; 18 são; 19 estás; 20 é

Exercise 7

1 fica; 2 está; 3 é; 4 está; 5 são; 6 são; 7 estão; 8 é; 9 está; 10 é; 11 são; 12 é;
13 é; 14 é; 15 é; 16 está; 17 são; 18 são

Unit 9

Exercise 1

1 isto; 2 esta; 3 aquele; 4 dessa; 5 aquelas; 6 nesse; 7 nesta; 8 daquela

Exercise 2

1 Estas canetas pertencem àquela professora. 2 Aqueles automóveis são antigos.
3 Essa gravata que (você) traz é nova? 4 Eles gostam daquela cidade. 5 (Tu)
trabalhas neste escritório. 6 (Nós) queremos essas plantas que (tu) tens. 7 O Sr.
Paulo e a esposa estão a vender aqueles apartamentos. 8 (Você) está a ver aquele
homem ali? 9 (Vocês) vivem neste prédio? 10 (Eu) não acredito nessas mentiras
que (tu) me contas.

Exercise 3

1 Aquele homem ali é muito simpático. 2 Estas pessoas estão cansadas. 3 Isto está errado. 4 Nós estamos de férias esta semana. 5 Ela mora/vive naquela casa azul ao fundo da rua. 6 Esse vestido que você traz é lindo. 7 O que é aquilo ali? 8 (Tu) gostas desta cidade?

Exercise 4

1 esta; 2 aqueles; 3 essa; 4 isso; 5 nesta; 6 essa; 7 este; 8 esta; 9 isto; 10 daquilo

Exercise 5

1 aquele; 2 este; 3 esse; 4 deste; 5 esse; 6 daqueles; 7 daqueles; 8 estes; 9 esta; 10 nessa

Exercise 6

1 essas; 2 essa; 3 estas; 4 este; 5 este; 6 destas; 7 deste

Unit 10

Exercise 1

1 lentamente; 2 rapidamente; 3 alegremente; 4 distintamente; 5 claramente; 6 intensamente; 7 infelizmente; 8 divinamente; 9 antigamente; 10 novamente; 11 eficazmente; 12 deliciosamente; 13 decididamente; 14 habitualmente; 15 simplesmente; 16 francamente

Exercise 2

1 g; 2 f; 3 j; 4 h; 5 n; 6 b; 7 l; 8 m; 9 d; 10 e; 11 a; 12 c; 13 i

Exercise 3

1 caras; 2 pequenas; 3 feliz; 4 lento; 5 simpático; 6 antipáticas; 7 curtas; 8 alegre; 9 moderno; 10 inteligente; 11 velha; 12 escura

Exercise 4

1 bela; 2 grande; 3 agradável; 4 fresco; 5 longas; 6 depressa; 7 acumulada; 8 antigas; 9 encantadora; 10 cansados; 11 típico; 12 especialmente; 13 caseiro; 14 fresca; 15 localmente; 16 interessantes

Exercise 5

1 Felizmente, (eu) tenho um chefe simpático/uma chefe simpática. 2 Esta casa é muito moderna. 3 Os jardins da cidade são agradáveis. 4 O Paul é muito baixo. 5 Amanhã vai estar um dia lindo. 6 Este livro é muito interessante. 7 (Tu) estás muito triste hoje, estás bem? 8 A Catherine é uma mulher muito triste. 9 Esta sala é muito escura. A janela é muito pequena e entra muito pouca luz. 10 Aquelas árvores ali são muito antigas, altas e lindas. 11 Os computadores no trabalho são muito lentos. 12 Esta roupa é muito velha.

Exercise 6

1 importante; 2 portuguesa; 3 fundamental; 4 familiares; 5 valorizados; 6 tradicionalmente; 7 unido; 8 acolhedor; 9 típica; 10 estreitos; 11 regularmente; 12 especialmente; 13 particularmente; 14 familiar; 15 independentes

Unit 11

Exercise 1

1 velhíssimo; 2 belíssimo; 3 gordíssimo; 4 pequeníssimo; 5 azulíssimo; 6 altíssimo; 7 baixíssimo; 8 lindíssimo; 9 magríssimo; 10 estranhíssimo; 11 normalíssimo; 12 fortíssimo

Exercise 2

1 antiquíssimas; 2 lindíssimas; 3 lentíssimo; 4 amicíssimo; 5 riquíssimas; 6 curtíssimas; 7 tristíssimo; 8 moderníssimo; 9 inteligentíssimo; 10 velhíssima; 11 escuríssima; 12 longíssimo

Exercise 3

1 tão . . . como/quanto; 2 mais . . . do que; 3 mais . . . do que; 4 menos . . . do que; 5 maior; 6 menos . . . do que; 7 mais . . . do que; 8 mais . . . do que

Exercise 4

1 Ela é a pior pessoa da empresa. 2 Esta casa antiga/velha é a maior da aldeia. 3 Estes jardins são os maiores do país. 4 O Paul é extremamente inteligente/inteligentíssimo. 5 O cão da Sara é tão pequeno como/quanto o do Peter. 6 Este livro é extremamente interessante/interessantíssimo. 7 A aldeia da Sara é mais pequena do que esta. 8 A Catherine é uma mulher extremamente triste/tristíssima. 9 O John tem cabelo mais escuro do que a Mary. 10 Estas árvores são tão antigas como/quanto altas.

Exercise 5

1 A culinária dos países de expressão portuguesa é riquíssima em ingredientes. 2 Tanto as tradições culinárias de Portugal como as dos outros países de expressão portuguesa utilizam legumes e frutos frescos. 3 A culinária das regiões costeiras de cada país usa muito menos carne do que peixe. 4 As tradições culinárias de todos estes países favorecem o uso de legumes e frutos fresquíssimos. 5 A culinária dos países africanos é tão exótica como a culinária do Brasil. 6 As comidas portuguesas são as menos tropicais. 7 A culinária angolana é mais influenciada pela culinária moçambicana do que pela portuguesa. 8 Ingredientes como o sorgo, painço, castanha de caju, mandioca, melancia, papaia e côco são muitíssimo usados em pratos angolanos e moçambicanos.

Unit 12

Exercise 1

1 O Pedro conhece-os muito bem. 2 (Tu) escreve-las à família. 3 Todas as semanas, o André leva-os ao restaurante. 4 (Eu) vou enviá-lo à Tatyana. 5 A tua avó fá-la todos os fins-de-semana. 6 Eles sabem-no e estão tristes. 7 (Tu) ajuda-las todas as semanas? 8 O meu amigo compõe-na principalmente quando está de férias. 9 O meu marido vai fazê-lo no nosso aniversário. 10 Nós fazemo-lo hoje.

Exercise 2

1 compra-as; 2 visita-os; 3 adoram-no; 4 ouço-a; 5 vendê-lo; 6 dá-os; 7 levá-los; 8 apreciam-no; 9 atende-los; 10 vêem-nos; 11 usa-os; 12 usá-lo.

Exercise 3

1 o arruma; 2 lava-as; 3 lava-a; 4 põe-na; 5 fá-la; 6 organiza-a; 7 tomá-lo; 8 estende-a; 9 prepara-a; 10 come-a

Exercise 4

1 os compras; 2 os vejo; 3 os lê; 4 toma-o; 5 as compro; 6 a compra; 7 me adora; 8 o usa; 9 as dá; 10 conheço-o; 11 a come; 12 as encontra

Exercise 5

1 transportam-no; 2 o armazenam; 3 o transportam; 4 expôem-nas; 5 produzem-no; 6 vendem-no; 7 o armazenam; 8 protegem-no; 9 exporta-os; 10 visitam-nas

Unit 13

Exercise 1

1 O meu pai vai oferecer-lhe jóias pelo Natal. 2 O diretor diz-lhes sempre que merecem um aumento. 3 O teu irmão vai vender-lhe o carro. 4 A Catarina faz-lhe muitos favores. 5 O Eugénio traz-nos presentes sempre que vai ao estrangeiro. 6 Todos os meses a D. Josefa lhes dá roupa nova. 7 O João lê-lhe histórias antes de ela adormecer. 8 O chefe faz-lhes uma apresentação. 9 "A tia Isabel compra-vos muitos brinquedos." 10 O Mário ensina-lhe muitos truques.

Exercise 2

1 (Eu) digo-to sempre. 2 A Joaquina dá-no-las na véspera de Natal. 3 O Sr José nunca lho dá na loja dele. 4 "Bom dia D. Josefina, (eu) depois levo-lha a casa." 5 A minha filha entrega-mos para eu assinar. 6 O nosso neto faz-no-las todas as semanas. 7 O neto deles leva-lho a casa todos os dias. 8 Os teus filhos limpam-ta quando (tu) não tens tempo. 9 "Vocês não têm dinheiro, por isso (eu) empresto-lho para comprar comida." 10 (Eu) encomendo pela internet e o meu supermercado traz-mas a casa.

Exercise 3

1 Ela não to leva amanhã. 2 (Tu) também lhas levas a casa. 3 Vocês nunca lhe dizem a verdade. 4 O Pedro só lhe lê histórias tradicionais. 5 O meu pai não me autoriza a sair todas as noites. 6 A prima da Ana também lhe telefona todas as manhãs. 7 A minha afilhada nem me envia fotos para o telemóvel. 8 (Tu) só no-las dás hoje à noite. 9 (Ela) também lhas fala quase todos os dias. 10 (Eu) só lhe pergunto o que ela precisa à segunda-feira.

Exercise 4

1 Quando é que eles te levam ao aeroporto? 2 (Eu) acho que ele me autoriza a ir ao cinema logo à noite. 3 Ninguém lhe diz a verdade. 4 Quem (é que) nos escreve muitas cartas? 5 Todos te compreendem perfeitamente. 6 Em que dia (é que a Filipa) me telefona para dar notícias. 7 Alguém te envia cartas agora? 8 Quem no-las dá no fim-de-semana? 9 Ela ainda lhes faz muitos favores? 10 (Eu) nunca lhes empresto o meu automóvel.

Exercise 5

1 (Eu) envio-lhe um presente. 2 Ele compra-me flores todos os sábados. 3 (Eu) dou-lhes/ofereço-lhes almoço à terça-feira. 4 Ele vende-nos pão fresco todas as manhãs. 5 Ele nunca a apresenta a ninguém. 6 Você não lhes dá chocolates.

7 O professor explica-nos tudo. 8 A Isabel telefona-me ao domingo à noite. 9 A namorada do Pedro dá-lhas quando saiem. 10 Nós dizemos-lhes sempre a verdade.

Exercise 6

1 o consideram; 2 comparam-no; reserva-lhe; 3 escreve-a; a finaliza; 4 lhe oferece; 5 lhe dá; 6 dedica-lhes

Unit 14

Exercise 1

1 penteio-me; 2 deitam-se; 3 despede-se; 4 ofendes-te; 5 aborrecemo-nos; 6 interrogam-se; 7 me sinto; 8 zanga-se; 9 veste-se; 10 acha-se; 11 se vê; 12 comprometes-te

Exercise 2

2; 5; 6; 7; 8; 9; 11; 13; 15

Exercise 3

1 A Joana nunca se zanga. 2 Ela está sempre a pentear-se. 3 Os políticos enganam-se uns aos outros. 4 Ninguém se lembra de apagar a luz. 5 Como se chamam aquelas senhoras? 6 (Eu) visto-me depois de tomar o pequeno-almoço. 7 Eles estão a esquecer-se de algo muito importante. 8 A Manuela apaixona-se sempre por homens maus. 9 Nós vemo-nos em casa. 10 A mãe nunca se lava com água fria.

Exercise 4

1 te sentas; 2 aborreço-me; 3 chateia-se; 4 se irrita; 5 se lembra; 6 sente-se; 7 enganam-se; 8 encanta-se; 9 nos achamos; 10 se veste; 11 magoam-se; 12 se engana

Exercise 5

7, 5, 1, 8, 4, 2, 6, 3

Exercise 6

1 orgulham-se; 2 veste-se; 3 vestem-se; 4 apresentam-se; 5 adornam-se; 6 se vestem; 7 acompanha-se; 8 se parece; 9 chama-se.

Unit 15

Exercise 1

1 meu; 2 delas; 3 tuas; 4 nosso; 5 minha; 6 dele; 7 seus, dela; 8 sua; 9 sua; 10 dela; 11 minhas; 12 teus

Exercise 2

1 A minhã irmã é professora. 2 O seu avô/o avô dele tem oitenta anos. 3 Os livros de gramática portuguesa são nossos. 4 A sua prima é muito simpática. 5 Os teus amigos moram muito longe. 6 O vosso empregado trabalha muito. 7 A vizinha deles não é de confiança. 8 O telemóvel que está na mesa é seu. 9 Os seus primos/os primos dele são muito ricos. 10 O vosso tio está a viajar por todo o mundo. 11 A vossa sobrinha nunca vem a Portugal. 12 As tuas amigas já sabem dizer algumas coisas em português.

Exercise 3

1 teus; 2 meu; 3 tua; 4 teu; 5 minha; 6 meu; 7 dele; 8 teus; 9 minha; 10 teu; 11 tua; 12 seu; 13 dela; 14 minha; 15 nosso; 16 meus; 17 nossa; 18 nosso

Exercise 4

1 As caminhas azuis são minhas. 2 As minhas camisas azuis são um presente da minha mãe. 3 Como se chama o seu irmão? 4 O carro velho é nosso. 5 A nossa filha está a estudar na Escócia. 6 A sua casa/A casa dele é muito grande e muito moderna. 7 O seu neto mais novo/o neto mais novo dela tem dois anos (de idade). 8 A Jessica é minha amiga. 9 O nosso pai é rico mas não é milionário. 10 O meu trabalho é muito difícil. 11 A tua casa é/fica no campo. 12 Os vossos cães correm muito depressa.

Exercise 5

1 sua; 2 dela; 3 seu; 4 sua; 5 sua; 6 seu; 7 seu; 8 seus; 9 sua; 10 seu; 11 dele

Unit 16

Exercise 1

1 Vocês não têm estado em casa. 2 (Eu) tenho ido ao cinema todos os fins-de-semana. 3 Ultimamente (tu) tens ouvido muita música. 4 Onde (é que eles) têm estado? 5 (Nós) não temos tido tempo de ver televisão. 6 (Tu) tens adorado este tempo quente. 7 (Nós) temos chegado atrasados. 8 (Vocês) não têm pensado

noutra coisa senão no exame. 9 A senhora tem trazido uns vestidos muito bonitos. 10 (Eu) tenho posto as minhas contas em dia.

Exercise 2

1 tenho visto; 2 tem estado; 3 tem vivido; 4 temos gastado; 5 têm falado; 6 tem evitado; 7 tem trabalhado; 8 tem afetado; 9 tem estado; 10 tem cumprido; 11 tens pagado; 12 tem feito

Exercise 3

1 pagado; 2 tido; 3 tocado; 4 aberto; 5 prendido; 6 emigrado; 7 visto; 8 feito; 9 coberto; 10 vindo; 11 concorrido; 12 escrito

Exercise 4

1 Nós temos-lha prometido. 2 Nos últimos dez anos, a Sandra tem-lhos feito. 3 O meu filho tem-no-lo dado. 4 Tu tens-lhos oferecido. 5 Vocês têm-no-las enviado. 6 Eu tenho-lho dito muitas vezes. 7 Eu tenho-lhos oferecido. 8 Elas têm-lhas entregado.

Exercise 5

1 A Joana tem comprado demasiados vestidos. 2 Eu tenho trabalhado até tarde todos os dias. 3 Ele tem pagado todas as minhas despesas. 4 Eles têm tido muitos problemas. 5 O meu pai não tem viajado muito. 6 O seu irmão tem estudado todos os dias. 7 Nós temos posto muito dinheiro na tua empresa. 8 Muitos idosos têm morrido com o calor. 9 Ele não tem aceitado os meus conselhos. 10 Esta escola tem expulsado muitos alunos. 11 A minha tia tem visto muitos filmes portugueses. 12 A minha chefe tem estado doente.

Exercise 6

1 tem sido; 2 têm observado; 3 se tem intensificado; 4 se tem visto; 5 têm escolhido; 6 têm levado; 7 tem-se revelado

Unit 17

Exercise 1

1 ensinou; 2 saíste; 3 fomos; 4 comprou; 5 terminaram; 6 esteve; 7 pedi; 8 chamou; 9 foi; 10 levantei-me; 11 trabalhou; 12 viajou; 13 disse

Exercise 2

1 falei; 2 vi; 3 foste; 4 chegou; 5 sairam; 6 conheceram; 7 leu; 8 partiu; 9 relatou;
10 fez

Exercise 3

1 fiz; 2 gostaram; 3 cheguei; 4 fui; 5 conheci; 6 fomos; 7 vi; 8 estive; 9 passei;
10 paguei

Exercise 4

1 foi; 2 esteve; 3 teve; 4 foi; 5 teve; 6 ficaram; 7 durou; 8 convidaram; 9 gostou; 10 conheceu; 11 fez

Exercise 5

1 Ontem foi um dia interessante. 2 Ela gostou da festa? 3 Eles partiram o vaso
ontem. 4 Eu saí de casa cedo no domingo passado. 5 O convidado escreveu-lhe
uma carta. 6 Ele fez uma amiga nova. 7 O comboio chegou atrasado esta manhã.
8 O tio do Paulo comprou o jornal. 9 (Eu) acordei às seis esta manhã. 10 Tu
foste para casa muito tarde ontem. 11 (Nós) terminámos o (nosso) projeto hoje.
12 O meu avô ficou em casa ontem à noite.

Exercise 6

1 aconteceu; 2 tornou-se; 3 assinalou; 4 significou; 5 deu-se; 6 foram; 7 instigaram; 8 transmitiu; 9 foi; 10 vieram; 11 ficou

Unit 18

Exercise 1

1 Vocês não sabiam onde a Joana estava. 2 (Eu) queria ir ao cinema ontem, mas
tinha de trabalhar. 3 (Tu) ouvias música clássica enquanto fazias o jantar.
4 Quando vivíamos em Portugal, (nós) viajávamos muito de comboio. 5 Vocês
nunca tinham tempo livre quando os vossos filhos eram pequenos. 6 Em criança,
tu adoravas ir para a praia. 7 Quando você, Ana, tinha o relógio avariado,
chegava sempre atrasada. 8 O Pedro e a Paula pensavam que o João estava em
casa, mas estavam errados. 9 No passado, nós fazíamos bolos deliciosos, mas
púnhamos muito açúcar. 10 Aos cinco anos, as minhas filhas sabiam guardar os
brinquedos sozinhas.

Exercise 2

1 ensinava; 2 ias; 3 sabia; 4 conhecia; 5 estava; 6; era; 7 sabia; 8 queria; 9 eram; 10 dormia; 11 trabalhava; 12 gostava

Exercise 3

1 No domingo passado o Filipe estava em casa. 2 O Joel falava com o António ao telefone. 3 Ontem pelas sete horas da noite eles faziam o jantar. 4 Quando nos viram no sábado, (nós) íamos ao supermercado. 5 Aquele homem que conversava com o chefe era um cliente do norte. 6 Enquanto falava ao telefone, ela tinha uma amostra de tecido na mão. 7 Quando eu tinha vinte anos, vivia no interior do país. 8 Quando vivíamos em Portugal, (nós) trabalhávamos num hotel em Lisboa.

Exercise 4

1 estava; 2 cansava; 3 faziam; 4 tinha; 5 querias; 6 gostava; 7 ias; 8 trabalhavas; 9 era; 10 geria; 11 sentia; 12 queria; 13 via; 14 falava

Exercise 5

1 Quando eu era criança gostava de brincar com outras crianças. 2 Quando tu eras mais jovem onde vivias? 3 O meu avô trabalhava numa fábrica. 4 A amiga dele queria abrir um restaurante. 5 Que tipo de restaurante (ela) queria abrir? 6 Nós pensávamos que o (nosso) tio estava em casa, mas estávamos enganados. 7 O meu amigo Peter era professor. 8 O que é que vocês estavam a fazer quando nós chegámos? 9 Os alunos da Ana eram muito barulhentos e não sabiam nada. 10 Os avós do John conheciam muitas pessoas diferentes.

Exercise 6

1 era; 2 eram; 3 se sentia; 4 tinha; 5 se identificava; 6 existia; 7 confrontavam-se; 8 levava; 9 tornavam-se; 10 destacava-se

Unit 19

Exercise 1

1 chegou, estava; 2 estavam, viram; 3 caminhava, encontrei; 4 tinhas, compraste; 5 sentia, foi; 6 estava, saímos; 7 estava, começou; 8 acordei, estava; 9 tocou, fazia; 10 expulsou, pagava; 11 estava, vi; 12 desligaste, estava

Exercise 2

1 queria; 2 gostavam; 3 era; 4 fomos; 5 visitou; 6 fizeram; 7 estavas; 8 sabiam;
9 começou; 10 comeu, estava.

Exercise 3

6, 3, 5, 7, 1, 4, 2, 8

Exercise 4

1 tive; 2 trabalhei; 3 estava; 4 decidimos; 5 fizemos; 6 estavam; 7 eram;
8 conversámos; 9 fomos; 10 percorremos; 11 precisávamos; 12 escolhemos

Exercise 5

1 Vocês já visitaram os Estados Unidos? 2 O João andava à minha procura?
3 (Tu) disseste à Joana que precisavas de comprar um carro novo? 4 Eles já
foram a Portugal este ano? 5 (Você) já viu a professora de matemática?

Exercise 6

1 Há dez anos eu tinha uma empresa com dez funcionários. 2 O Peter telefonou-
me ontem. Queria pedir-me um favor. 3 Nós chegámos ao hotel ontem à tarde.
4 Há cinco anos (nós) vivíamos junto ao mar, mas no ano passado mudamo-nos
para a cidade. 5 O meu chefe foi o primeiro a chegar ao escritório. Eram sete
e meia da manhã/sete horas e trinta. 6 Ela estava em casa, quando eu telefonei
no domingo passado. 7 O Sr Silva ia chegar tarde ao trabalho, por isso apanhou
um táxi. 8 (Eu) fui à Alemanha na semana passada. Quando estava lá vi um
autor famoso.

Exercise 7

1 tiveram; 2 ocuparam; 3 eram; 4 permaneceram; 5 influenciaram; 6 revelou;
7 contribuiu; 8 introduziram; 9 contrastavam

Unit 20

Exercise 1

1 tinha acabado; 2 tinha falado; 3 tínhamos pensado; 4 tinha partido; 5 tinha
comido; 6 tinha visto; 7 tinha prometido; 8 tinha ficado; 9 tinha tido; 10 tinham
posto; 11 tinhas escrito; 12 tinham estado

Exercise 2

1 (Vocês) tinham-se levantado muito cedo. 2 Eu tinha-te comprado um livro de gramática. 3 A que horas se tinham observado os erros na conta? 4 A Filipa tinha-se lembrado de dar os parabéns ao irmão. 5 Os alunos tinham-se distraído muito nas aulas. 6 Quantas vezes é que (tu) te tinhas enganado no caminho? 7 A minha tia também o tinha visto na festa com a Joana. 8 Nós tinhamo-la visto muitas vezes na praia com os amigos. 9 "(O senhor) tinha comprado este livro aqui?" 10 A minha irmã tinha-o aceitado sem hesitar.

Exercise 3

1 Nós levantáramo-nos muito tarde naquele dia. 2 Em que dia é que (tu) receberas a encomenda? 3 A Paula nunca se esquecera dos meus anos antes. 4 Eu vira este filme com o meu irmão. 5 Ele fizera muito barulho ao chegar a casa. 6 Quanto tempo é que (tu) esperaras pelo Joaquim? 7 O Joaquim fora com a mãe às compras. 8 Nós já o conhecêramos. 9 Quando é que ele te dissera isso? 10 A que horas é que a Catarina viera da festa?

Exercise 4

1 O que (é que vocês) tinham comprado? 2 Aonde (é que ela) tinha levado o cão? 3 Com quem (é que eles) tinham falado? 4 A que horas (é que ele) tinha saído? 5 Como (é que) tinha estado o tempo? 6 Quantos anos (é que ela) tinha vivido no Algarve? 7 Quem (é que ele) tinha cumprimentado? 8 Como (é que elas) tinham ido para a festa? 9 A quem (é que você) tinha dito isso? 10 Quanto (é que ele) tinha pagado pelo presente?

Exercise 5

5, 1, 9, 2, 8, 3, 7, 6, 4

Exercise 6

1 Onde (é que tu) tinhas visto/viras a Joana com o namorado? 2 Eu nunca tinha ido/fora a uma festa tão boa. 3 Nós já tínhamos visitado/visitáramos Portugal. 4 O meu colega nunca tinha chegado/chegara tarde antes. 5 Você já tinha feito/fizera o relatório mensal? 6 Até ontem, o tempo tinha estado/estivera muito mau. 7 A senhoria disse que o Pedro não tinha pagado/pagara a renda. 8 Quando vim embora, a festa ainda não tinha acabado/acabara. 9 "O senhor já tinha pedido/pedira um chá?" 10 Ele disse que não tinha tido/tivera tempo de me telefonar.

Exercise 7

1 estabelecera-se; 2 tinham sido; 3 tinham afetado; 4 levara; 5 assumira; 6 comandara; 7 tinham ajudado; 8 fora; 9 assinalara

BIBLIOGRAPHY

Basic Spanish: A Grammar Workbook, Carmen Arnaiz and Irene White, Abingdon: Routledge, 2006.

Nova Gramática do Português Contemporâneo, 8a edição, Celso Cunha and Lindsay Cintra, Lisbon: Edições João Sá da Costa, 1991.

Portuguese: An Essential Grammar, 2nd edition, Amélia P. Hutchinson and Janet Lloyd, London: Routledge, 2003.

501 Portuguese Verbs, 2nd edition, John J. Nitti and Michael J. Ferreira, Hauppauge, NY: Barron's Educational Series, 2005.

Gramática da Língua Portuguesa, Pilar Vázquez Cuesta and Maria Albertina Mendes da Luz, Lisbon: Edições 70, 1980.

Literatura e Poder na África Lusófona, José Carlos Venâncio, Lisbon: Instituto de Cultura e Língua Portuguesa, 1992.

GLOSSARY OF GRAMMATICAL TERMS

adjective A word used with a noun to qualify it, e.g. **A casa é <u>branca</u>** (the house is white).

adverb An invariable word used with verbs, adjectives and other adverbs to change their meaning, e.g. **<u>Ontem</u> fui ao cinema** (yesterday I went to the cinema).

auxiliary verb A verb used with another verb to form a specific tense, e.g. **Ela <u>vai</u> estudar agora** (she is going to study now).

definite article Equivalent of 'the', used to refer to a particular noun, e.g. **<u>O</u> carro é azul** (the car is blue).

demonstrative adjective Used with a noun to identify it, e.g. **<u>Estas</u> casas são bonitas** (these houses are beautiful).

demonstrative pronoun Used to replace a demonstrative adjective and noun, e.g. **<u>Estas</u> são minhas** (these are mine).

direct object Something or someone the action of the verb applies to, e.g. **Ela come <u>a maçã</u>** (she eats the apple).

gender Is the classification given to nouns and adjectives in Portuguese, i.e. masculine or feminine, e.g. **O cão** (dog), **a casa** (house), **o homem** (man).

imperfect (tense) Used to describe habitual or ongoing actions in the past, or a background to an action which occurred in the past, e.g. **Eu <u>vivia</u> em Portugal quando me conheceste** (I lived in Portugal when you met me).

indefinite article Used before a noun, to refer to an unspecified person or object. Equivalent to 'a', e.g. **Passou aqui <u>um</u> carro** (a car went past here).

indirect object Something or someone affected by the action of the verb, usually indicated by 'to' or 'for', e.g. **Ele deu o livro <u>à Ana</u>** (he gave the book to Ana).

infinitive The default form of the verb, as found in the dictionary, e.g. **correr** (to run), **comer** (to eat).

interrogative A word used to ask a question, e.g. **<u>Quem</u> falou?** (who spoke?)

irregular verbs Verbs which have a spelling change in their stem in some or all conjugations and tenses, e.g. **eu sei, tu sabes, ele sabe**.

noun   The name of a person, place or object.

past participle   An invariable verbal form used in present perfect and past perfect tenses (and other compound tenses), e.g. **estudado** (studied), **escrito** (written).

past perfect   A past tense formed with the imperfect tense of **ter** (to have) and the past participle of the main verb which describes the action, e.g. **Ela tinha estudado** (she had studied).

pluperfect (tense)   A past tense conjugation which has the same meaning as the past perfect, e.g. **Ela estudara** (she had studied).

possessive adjective   Used with a noun to indicate possession, e.g. **O <u>meu</u> pai** (my father).

possessive pronoun   Used to indicate possession without the possessed noun, in situations when both speakers know what is being referred to, e.g. **Onde está o <u>teu</u>?** (where is yours?)

present perfect   A past tense formed with the present tense of the verb **ter** (to have) and the past participle of the main verb, e.g. **Eu tenho trabalhado muito** (I have been working a lot).

preterite   Simple past tense, e.g. **Eu fui** (I went), **ele viu** (he saw).

pronoun   A word used to replace the noun, e.g. **Ele** (he).

reflexive   A pronoun referring to the subject of the action, e.g. **Eu interrogo-<u>me</u>** (I question myself).

subject   The person or object carrying out the action of the verb, e.g. **<u>Nós</u> falamos** (we speak).

verb   A word describing an action or a state, e.g. **comprar** (to buy), **ver** (to see).

INDEX